日本人にとって聖地とは何か

内田樹
釈徹宗
茂木健一郎
高島幸次
植島啓司

東京書籍

日本人にとって聖地とは何か

はじめに

本書は「聖地巡礼フェスティバル」と銘打った公開講座の書籍化です。内田樹先生が運営する合気道道場・凱風館で行われました。これまで内田樹先生や巡礼部（凱風館門人を中心としたサークル）と共に、「聖地巡礼」と称する街場歩きや小旅行を行ってきました。その様子はシリーズ書籍化されており、東京書籍より四冊が発刊されています。

①『聖地巡礼ビギニング』…「出かけよう！宗教性をみがく旅へ」大阪府／京都府／奈良県
②『聖地巡礼ライジング』…「なぜ人は熊野に惹かれるのか？」和歌山県・熊野
③『聖地巡礼リターンズ』…「長崎、隠れキリシタンの里へ！」長崎県／京都府／大阪府
④『聖地巡礼コンティニュード』…「対馬へ日本の源流を求めて！」長崎県・対馬

この聖地巡礼シリーズの一環として、「聖地巡礼フェスティバル」は開かれました。ちょうど③『聖地巡礼リターンズ』と④『聖地巡礼コンティニュード』の間にあたる時期です（④が対馬行きとなった経緯は、本書をお読みになればわかります）。

「聖地巡礼フェスティバル」は、〝あらためて聖地や巡礼について、識者から意見を聞かせていただこう〟という取り組みでした。ご来駕いただいたのは、茂木健一郎・高島幸次・植

島啓司の三師。三者三様、いずれおとらぬクセ者ぞろいです。いずれの言説も、何年経とうが決して古びることのない、世界や人類の本質に関わるものですので、繰り返し読んでも長くお楽しみいただけるはずです。

聖と俗の概念

さて、「聖地巡礼」とは、〝聖なる場〟へとおもむく行為です。この〝聖〟とは、どういうものなのでしょうか。

宗教研究の流れで見ますと、〝聖〟という概念は宗教の最大公約数として使われてきました。もともと欧米で発達した宗教研究において、宗教とは神を信じる行為を指していました。しかし、その後、プレアニミズムなど神観念をもたない原初的宗教が取沙汰されたり、仏教のように神への信仰を中軸に設定されない宗教が注目されたりと、宗教現象や宗教行為を〝神〟で包括するわけにはいかなくなります。そこで〝神〟に代わって、宗教を考察する上での最大公約数として〝聖〟が発見されます。と同時に〝俗〟という概念が対置されることになります。聖と俗という図式だと、超越的存在や超自然的現象や非日常的時空間や特定の心理状態など、多くの宗教構成要素をカバーできます。実に使い勝手がよいわけです。

宗教研究を聖と俗の構図で考察した人物に、社会学の巨人、E・デュルケムがいます。デュルケムは俗から分離した領域を聖と捉え、聖が俗へと及ぼす影響について詳述しています。デュルケム以降、宗教を考察する場合、聖と俗を前提とする態度が多くなりました。また、哲学者のR・オットーは、聖なるものを「まったく独特な宗教体験」「宗教そのもの」であるとして、それを生み出している固有の本質をヌミノーゼという造語で表現しました。ヌミノーゼとは、〝聖〟の中核要素であり、合理的に把握や解説ができないものであり、直接的体験によって直感するものだと言うのです。この視点から言えば、我々はヌミノーゼ体験を求めて、日本各地をうろついているということになります。

拮抗する聖と俗

ただ、実際に聖地と呼ばれる場へ足を運ぶと、いかに聖と俗が未分化で交錯しているのかを実感することになります。デュルケムが言うほど聖と俗は分離していません。この点は、文化人類学者のA・ファン・ヘネップが言うように、聖と俗は両義的であり、状況において変化するものなのでしょう。

たとえば、本書の中でも触れていますが、聖地とされている場にはしばしば、こちらをがっかりさせる人工物が配置されていたり、実に卑俗な商店が軒を並べていたりするのです。はじめの頃は、「なぜこんなものが、こんなところに……」などと嘆いていたのですが、そのうちに内田樹先生が「強烈な聖性に対して、猥雑な俗性が配置されることで、バランスがとられている」などと言い出しました（これについては内田先生による「あとがき」をお読みください）。聖は聖として、ぽつんと宙に浮いているわけじゃないんですね。聖は俗によって輪郭が浮かび上がり、俗は聖によって生命力が吹き込まれる、そんなことになっていると思います。このことは、頭では簡単に理解できるのですが、リアルに体感するためには、やはり聖地へとおもむくのが一番でしょう。

辺境の聖地に惹かれる者たち

ところで、宗教史研究者のミルチア・エリアーデが『聖と俗　宗教的なるものの本質について』の中で、〝世界の中心としての聖地〟というのを語っています。

「〈吾は世界の中心にあり〉という叫びは、聖なる空間の最も重要な意味の一つを明かす」とし、クワキウトル（コロンビア）の信仰や、フローレス島のナダ（インドネシア）の信仰を取り上げ、パレスチナのゲリジム（世界軸とも地の臍《へそ》とも呼ばれる）やエルサレム、カアバ神殿（サウジアラビア）、中国・イランには世界の中心であるとする神話や信仰が強いことを紹介しています。「世界の中心はここだぞ～！」と叫んでいるのが聖地だというのですね。

しかし、これまでわれわれが訪れた聖地は、いずれも「ここが世界の中心である」といった主張が希薄でした。むしろ、どの聖地も「ここは辺境なんですよ」「世界の周辺にいます」と、小声でささやいていているようでした。

よく考えてみると、われわれはそういう聖地が好きなので、わざわざ周辺型聖地を選んでいるような気がします。〝聖からのささやかな声に、耳をそばだてる〟といった態度に魅力を感じているのでしょう。私も内田樹先生も巡礼部部員も、〝大きな枠からこぼれるもの〟に惹かれるタイプなのだと思います。

内田先生と巡礼部の皆さん、今回も本当にありがとうございました。また、聖地巡礼フェスティバルのご講師を勤めてくださった茂木先生・高島先生・植島先生に感謝申し上げます。

そして、本書の刊行にあたり、東京書籍の植草武士さんに厚く御礼申し上げます。お世話になりました。また、「聖地巡礼フェスティバル」開催や、このシリーズの引継ぎにつきまして、前担当者である岡本知之さんにご尽力いただきました。ありがとうございました。

2019年2月

釈　徹宗

※引用文献・参考文献
土屋博「聖俗問題と宗教学の可能性」『聖と俗の交錯　宗教学とその周辺』所収、北海道大学図書刊行会
M・エリアーデ『聖と俗　宗教的なるものの本質について』風間敏夫訳、法政大学出版局

目次

session 2　大阪の霊的復興

session 3　日本の聖地の痕跡

session 1

日本人にとって聖地とは何か？

Part1

茂木健一郎

イントロダクション（釈徹宗）

皆さま、聖地巡礼フェスティバルにご参加いただきまして、誠にありがとうございます。セッション1は茂木健一郎先生をゲストにお迎えしております。茂木先生、どうぞよろしくお願いいたします。

茂木先生と内田先生は旧知の間柄で、以前から茂木先生のお人柄などは、内田先生から伺っていたんですが、あらためてお目に掛かるのはきょうが初めてなんです。でも実は、一度だけ新大阪の駅でお見かけしたことがありました。茂木先生は、もう本当に普通の感じで新大阪の構内を歩いておられたので、私もつい「茂木先生！」と声を掛けちゃったんです。そうしたら、露骨にけげんな顔されて（笑）。

でも、それ、無理ないんですよ。あれは二〇一一年の五月でした。東日本大震災のがれき撤去に向かうために、私は作業着姿でしたし、いろいろ道具をかついだスキンヘッドの人間が急になれなれしく近づいてきたのですから、不審に思われて当たり前です。

でも、自己紹介をさせていただくと、「あぁっ」ていうような感じでフレンドリーに接してくださいまして、実はこれから石巻に行きますと説明すると、「それはご苦労さまです」と送り出していただきました。

それから数年ぶりにこうしてお目に掛かりました。茂木先生の科学者の目から見た聖地、あるいはそこに生じる信仰、さらに聖なるものへの知見などを聞かせていただいて、もう一度われわれも腰を据えて、聖地について、巡礼について、考えたいと思います。

ふだんの我々の巡礼活動は、出無精な内田樹先生をあの手この手で引っ張り出して、その場において先生が何を感じられたかを伺う構図になっております。しかし、今回は聖地巡礼フェスティバルとして、今日が茂木先生、明日が歴史学者の高島幸次先生と宗教学者の植島啓司先生をお迎えしてお話を聞かせていただき、その後、内田先生と私を交えて鼎談をするという三連続セッションになっております。

この機会にあらためて一から、「そもそも人はなぜ聖地に向かうのか」について考え直したいと思います。私も内田先生も、もう数年にわたっていろんな聖地を回っておりますので、だんだんとふたりとも土地を褒めたたえる言葉がなくなりつつあるんです（笑）。なので、ここで新しい知見を導入したいという、そういう思いもございます。

それでは、茂木先生、どうぞよろしくお願いいたします。

日本人にとって聖地とは何か？

茂木健一郎

　いま、新神戸からここ（住吉）までだいたい八〇分くらいかけてずっと歩きながら来て、途中、御影公会堂で写真を撮ってツイッターに上げたら、「私の両親がそこで結婚式を五〇年前に挙げました」っていう方がいましたね。「うちの家族は五〇年前にあの御影公会堂で始まりました」というわけです。御影公会堂は神戸の震災を生き延びて避難所にもなりましたけど、僕はこれが典型的な聖地だと思うんですよ。

　おそらく「聖地」って、起源というものが非常に深く関係していると思います。それは、現代では意外な形であらわれると思うんです。僕は、グーグルがやっている「23andMe」という遺伝子解析サービスで全遺伝子を検査してもらいまして、今でもときどきレポートが送られてきます。たとえばラクトース耐性という、牛乳を分解する酵素があるかどうかもわかりました。僕の場合はないんです。実は日本人の多くがありません。ただ、自分自身の遺伝子にラクトース耐性がなくても、腸内細菌が分解してくれる場合もあるので、僕は牛乳を飲んでもそんなにおなかを壊さなくてすんでいるわけです。

聖地につながる起源問題

また、最近来たレポートだと、僕はアルコール分解酵素がＡＧタイプといって半分だけあることも分かりました。これが両方ない方だと「フラッシュ」といって顔が赤くなってしまう。逆に両方のアルコール分解酵素を持っている方は、アルコール依存性になる可能性があるらしいです。お気を付けください、強い方は。

何でこういう話をするかというと、遺伝子っていうのは、実はルーツを考えるときに非常に面白い存在なんです。このサービスでミトコンドリア遺伝子を調べることができるんですけど、調べたところ、ミトコンドリア遺伝子は南方から来ていることが分かりました。母は九州の佐賀出身ですけど、佐賀は昔から南方や大陸との行き来が盛んな土地なんです。

一方、僕の父親は群馬出身なんですけど、遺伝子を解析すると、どっちかというと大陸系らしい。中国大陸だとか、北方のミトコンドリア遺伝子を持っている。そういうことを知ると非常に不思議な感じがしてくるんです。

僕は昭和三七年生まれで、「意識」というものを研究するのが人生のライフワークなんですけど、一方で意識とは自分を限定してしまうものでもあるわけです。最近も養老先生が死生観について、新聞のインタビューで「私」という意識にとらわれているからいけないんだということをおっしゃっていましたけど、確かにそうなんですよね。

まあ、内田先生には長生きしてほしいですけど、さすがにこれからあと五〇年も生きるっていうのはかなり希望的な観測だと思うんです。じゃあ、なんで自分自身が死ぬのが嫌なのかっていうと、意識という自分を規定するものに縛られているからで、意識を取っ払ってしまったらすべては連続しているわけなんですよ。もちろん遺伝子も連続している。僕の遺伝子は、それこそ南方あるいは大陸の方から来たはるか祖先のものとつながっていて、直接知っているのは母方と父方のおじいちゃんだけですけど、その向こうにも当然いる。そんなふうに聖地っていうのは、さっきの御影公会堂もそうなんですけど、自分の起源というものに非常に深く関わっていくものなんだろうなと思うんです。

例えば、キリスト教の場合では神が人類をつくったという、現代的な見方でとらえるとフィクションになるわけですよね。これは僕の解釈ですけど、キリストにとってみたら、母親のマリアは父親と結婚する前に自分を産んでしまったわけで、本当の父親は誰なのか分からないわけじゃないですか。自分の父親は誰なんだろうと考えたとき、それは天なる神なんだという幻想、妄想を抱くことは十分にあり得ることです。そういう方って世の中にたくさんいらっしゃいますよね。私は神の子なんです、みたいなことをおっしゃる方は、僕のところにもよくメールをくれたりします。その中でやっぱり宗教的天才というか、ある種の優れた資質があったからこそ、キリストという人が今もこういう形で残っていると思うんですけど、これも結局は起源の問題じゃないかと思います。だから聖地っていうのは起源問題と強く結び付いているというのが、僕が最近思っていることですね。

センチメンタルな聖地

この起源問題ってすごくプライベートなレベルでもある。例えば僕の健一郎という名前だって、聞いたら健康でいるのが一番みたいな、本当にいい加減な理由で付けたらしいんですけど、そういう名前の由来なんかも、自分自身にとっては聖なるものですよね。

僕、最近あるインタビューを読んでいたら、その子の母親はホステスやっていて、ラブホテルみたいなところを泊まり歩いていたんですって。でも、母親と一緒にいられるのはそのときしかないから、インタビューを受けた子どもが「母親と泊まっていたラブホテルは僕にとって聖なる場所なんです」と言ってました。そういうすごくプライベートな聖なる場所もあるわけです。

たとえば沖縄の斎場御嶽《せーふぁうたき》とか、三重の伊勢神宮だとか、そういう何というか、国家やコミュニティに認められた聖地も非常に大事だと思うんですけど、もっといろんなところに聖地ってある気がするんです。自分にとって何かのきっかけになったというか。

内田先生もよくお読みになられている村上春樹さんの最新エッセイ集を読んでいたら、たとえば国分寺でやっていた喫茶店の話が出てくるわけですよ、作家になる前に。もう朝から晩までずっと働いていて、千駄ケ谷に移られてまたお店をしていた。おそらくその場所は村上さんの人生にとっては聖地でしょうし、そこにいらしていたお客さんにとってもひとつの聖地になっていると思います。

そのエッセイにはいろいろ面白いことが書いてあって、彼は早稲田大学に通っていて、仕事が忙しくてなかなか単位が取れなくて、教授にその事情を説明したら実際にお店まで来てくれて「君もなかなか大変だね」と言って帰って行って、結局、単位をくれたそうです。そういうこともきっと村上さん個人にとっては聖なる思い出でしょうし、村上文学を愛する人にとっても同じでしょうね。ですから、聖地について気をつけなくちゃいけないと思うのは、公に語られている聖地と、自分自身のプライベートな人生の聖地というのはある程度区別しなくちゃいけなくて、でも、どちらも大事だと思うんです。

プライベートに語られている聖地は通常、センチメンタルなことを言うわけです。非常に印象的に残っているんですが、イギリスのケンブリッジ大学に留学していたときに、部屋を借りていた大家でもある教授の家にものすごくみすぼらしい木の椅子がありました。最初に案内してくれたときに、その教授はもう頭がはげ上がっていて、六〇歳くらいだったのかなと思うんですけど、「この椅子は、僕にとってセンチメンタルバリューがあるんだ」と言うんですね。どういう意味かというと、子どものときに父親が自分のためにつくってくれた椅子なんですって。そのときに、ああ、英語圏の人はこういうときにセンチメンタルバリューって表現するんだな、と思ったんですけど。

センチメンタルって結局どういう意味で使われているかというと、もしその椅子がキリストが座っていたものだったら、パブリックな意味を持つわけでしょ？だけど、自分の父親がつくってくれたなら、普通に考えるとパブリックな意味はないわけです。だって、ごくありきたりの、古ぼけた、ただの椅子ですから。だけど、それを聖なるものとして教授は感じているし、そのことをセンチメンタルバリューと、ちょっとイギリス人らしく照れ隠しで言ったと思うんです。

それこそ養老先生なんか、「バカの壁ハウス」とご本人は謙遜しておっしゃっていますけど、箱根の仙石原になぜ家をつくられたかっていうと、大事な昆虫標本が捨てられるんじゃないかという恐怖心からだそうです。昆虫を集めている方に共通するのは、自分が死んだあと、奥さんが標本を捨てることへの恐怖なんです。昆虫好きにとっては、この虫はいつ採って、そのときボルネオのジャングルでこんなことがあったとか、あのこずえの光をめがけて網を振ったら、二〇年追いかけ続けた虫がとうとう採れたとか、そういうことを思い出すものなんですが、奥さんにとっては単なるごみなんですよね。

そこでプライベートな意味での聖なるもの、つまり、何か人生の起源に関わる自分にとってのマイルストーンになるようなものと、パブリックな意味での聖なるものの関係を考えてみたら興味深いと思うんです。

公の聖地とプライベートな聖地の関係性

通常語られやすいのは、パブリックな意味での聖地ですよね。だって、例えば僕の友だちが「アリゾナのセドナに行ってきたよ」って言うわけです。それはわかりやすいですよね。ところが、僕が例えば北九州市に行きますよね。北九州っていうのは、うちの母親が育ったところで、僕にとってセンチメンタルな意味での聖地なんです。とくに日豊本線の下曽根っていう駅のあたりは、その近くで夏休みに母からかき氷を食べさせてもらったとか、生まれて初めて喫茶店でおばさんにブルーマウンテンをおごってもらって、そのときは小学校五年生だったんですけど、一番高いメニューを選んだんですよね。そうしたら、ブルーマウンテンを飲むんだったら、砂糖やミルクは入れちゃ駄目だよって言われて、初めてブラックで飲んだこととか。パブリックな意味なんて全然ないけど、僕の人生においては明らかに聖なる思い出なんですよ。

だから、その間の緊張関係っていうか、そこを簡単にパブリックなものに引き渡さないっていうのも、真面目な話をしちゃえば、それこそ靖国神社の問題とかにもつながっていくテーマだと思っています。

アーティストの森村泰昌さんが、美術の起源について語っている本があって、そこで美の起源というのはこれだという写真を載せているんです。それはアメリカで、亡くなった貧しい家の子どもを埋葬している写真ですが、ただ土に埋めるだけだとやっぱりお墓というイメージが浮かばないんで、そこに何かを立てているんです。森村さんは美術の起源はここにあるっておっしゃっていて、僕はそれがすごく分かる気がする。

何て言うのかな、最近もシリア難民の子どもが亡くなってヨーロッパの海岸に打ち上げられちゃって、その写真が非常に大きな反響を呼びましたけど、あれはたまたま報じられたからパブリックなものになった。でも多くの場合、自分の大事な人の死はプライベートなものとして忘れ去られていくし、それを公に語ることはちょっとはばかられますよね。でも、僕は本来人類にとっての聖なるものの起源は、プライベートでセンチメンタルな領域にしかないなって感じがしているんです。それをどう語っていくかっていうのは非常に大きなテーマで、ひょっとしたら文学の意義はそこにあるのかもしれません。

多くの場合、プライベートでセンチメンタルなことを言われると、戸惑うんです。分かります？　きょうはたまたまこういうセッションだから僕がいろんな話をしても皆さんが受け入れてくれますけど、その前提なしに突然、北九州の小倉でブルーマウンテンを生まれて初めて飲んだなんて思い出を聞かされたら、ちょっと戸惑うというか、どうしたらいいか分からないような気持ちにさせられてしまいますよ、きっと。でも、その落ち着きのなさがすごく興味深いことでもあると思うんですね。

おそらく、さっきのアルコール分解酵素やラクトース耐性なんかの遺伝子の話は、みんなの話だから非常に分かりやすい。例えば、僕にネアンデルタール人の遺伝子が二・八パーセント入っていると言ったらどうですか？　ちょっと僕を見る目、変わります？　いや、でも、それは全人類の平均値ですって言ったらどうですか？　じゃあ、うちの父親はじつはロシア人ですって言ったらどうですか？

いや、事実じゃないですよ（笑）。

そんなふうにプライベートな起源問題って、人の心をザワザワさせるようなことがあって、それは、例えば在日韓国人の方なんかは常に経験されていることだと思います。在日韓国人の方にとっては、当然、自分のルーツが韓国にあることは聖なる領域に属することでしょうし、でも、それがときには差別の対象になったりもするわけですよね。

いわゆる聖地というか、本来の意味での聖なるものを考えたときに面白いのは、センチメンタルでプライベートな聖地と、斎場御嶽や伊勢神宮といった大多数に認められた「大文字」のパブリックな聖地との間の関係性なんじゃないかなと思います。これでそろそろ時間のようですのでひとまず僕の話は終わりにします。

どうもありがとうございました。

session 1

日本人にとって聖地とは何か？

Part2

茂木健一郎

＋

内田　樹

＋

釈　徹宗

記号になる手前のざわめきを受け取る

釈　茂木先生、お話ありがとうございました。プライベートな聖地、パブリックな聖地というお話でした。さて早速ですが、プライベートな聖地というのは、例えば記憶がその個人の中で聖性を帯びるというように考えたらいいのでしょうか？

茂木　ええと、話を終えてちょっと今ボーッとしているので、内田先生、どうです？

内田　いや、何でもいいいんです、思ったことを。

さっきのお話にあったセンチメンタルなバリューって何かなって、聞きながらずっと考えてたんです。じつはちょうど昨日も神戸女学院大学で開かれた日本遊戯療法学会という学会で講演する機会があって、テーマが遊戯と武道でした。武道というのは、いわば「記号になる手前のもの」を感知して、対処するための技法です。それは「ざわめき」みたいな感じのものですから、シグナルとしての輪郭をはっきり持っていないし、記号としてもまだ熟していない。別の人から見るとそこには何もないように思えるけれど、ある程度訓練を積んでゆくとそれがもうすぐ「記号」として現前するという予兆が分かるようになる。それは前記号的なものです。それがダマになったり、ばらけたり、模様をかたちづくったり、厚くなったり、薄くなったりする。状況によって現れ方が違う。

だから、それが何であるかは言えないんですけれど、それがいずれ自分の生命力を高める「よきもの」なのか、いずれ自分の生きる知恵と力を減殺するような「悪しきもの」なのかは直感できるんです。何であるかは分からないけれど、それが自分の生存にとって何の意味を持つのかは先験的に感知される。

僕たちが武道の修行を通じて稽古しているのは、すごく単純化して言ってしまうと、「悪しきもの」、僕らの命を脅かすもの、生命力を減殺すべく切迫してくるものに対して、記号としてそれがはっきりと現れる前に感知して、対処する技術なんです。

昨日の学会の参加者は養護教諭の方が多かったんですけども、今の子どもたちはコミュニケーション能力が落ちていると言われていました。たぶんそれは「目に見えるもの」には反応できるけど、「目に見えないもの」に対しての反応力が低いということじゃないかと思うんです。

コミュニケーションの基盤になるのは、触覚なんじゃないかと僕は思っているんです。皮膚です。「肌に粟を生じる」とか「鳥肌が立つ」とか「背筋が凍る」とか、いろいろ表現はありますけれど、どれも「危険なもの」の切迫を皮膚で判断したときの徴候です。だから、皮膚感覚が敏感であれば、記号的なものが、かたちをもって出現する前に、予兆の段階で対応できる。記号が到来する前に、まず記号がそこを通る文脈が予示されるんです。メッセージに対するメタメッセージと言ってもいい。皮膚はメッセージが到来する前に、その予兆として到来するメタメッセージに反応する。これから起きる出来事をどう解釈したらよいのか、それを事前に感知できるんです。だから、皮膚感覚が敏感な人は人の話を誤解しないんです。それまでの話とまったく無関係なことが急に話題に出ても、そのときの文脈の切り替えを感知できるから、どうしてその話になったのかがわかる。ダブルミーニングがあるような言葉でも解釈を間違えない。

いまの子どもたちのコミュニケーション能力が低いというのは、記号そのものを受信する力が衰えているということではなくて、記号をどういう文脈で受信すべきか、そのメタメッセージの受信能力が落ちているんだと思うんです。皮膚感覚がよくないので、「ざわめき」や「予兆」が感知できない。予兆抜きで、いきなりポンと実音が聞こえてくるから、それをどう解していいか分からない。文脈が分からない。解釈するコードが分からない。だから、立ち尽くして反応できなかったり、とんでもない誤解をしてしまったり、あるいは逆に過度に防衛的になって、話が聴こえるのに聴こえないふりをする。そういうことが、現場の先生の話を聞くと、いまの子どもたちにとても多いようでした。

でも、それは身体能力の開発プログラムがうまく整備されていないからだと思うんです。この聖地巡礼という企画に、僕は武道家として、釈先生は宗教家として参加していますが、宗教家と武道家の共通点を挙げるとすれば、エビデンスとして示される数値や記号になる前のものを感知するセンサーを高めなければいけないという使命感じゃないかと思うんです。だから、われわれが聖地巡礼の間にしゃべっていることの七割方は「おお、ザワザワきましたね」とか「ここは気がいいですね」とかそういう話になる。

釈　「きてます、きてます」とか。

内田　そういうことばっかり言ってるんですけれど、その「きてます、きてます」っていうのが、どうもわれわれの仕事の一番たいせつなところじゃないかと思うんです。「あんた、いったい何のエビデンスがあって『きてます』とか言うんですか？」と言われても、答えようがない。「いや、だって、ほら、きてるじゃないですか」としか言いようがない。「ないけどある」ものってあるでしょ。そのことをわれわれはずっとしゃべっているような気がするんです。

釈　見える現象を通して、見えない領域まで心を延ばしていく。どこまで延ばせるかが、われわれの聖地巡礼のキモでして。そのために、ほとんど白紙状態で訪れます。それは聖地巡礼をコーディネートしている編集部も狙いどころにしているようで、たまに次に行く聖地をあらかじめ下見しようと思ったりもするんですけども、それはやめてくれって言うんです。その土地についてちょっと勉強しようと思っても、「それをしたらあんまり面白くないから」と。予備知識のないまま行って感じたことをお話しさせていただいているわけです。そうやって、場に身を置いて感じるところを語ることができるのは、先ほどの茂木先生のお話だと、いわゆる「大文字」のパブリックな聖地だからということになりますね。

内田　個人的な聖地っていうのは、例えばきょう、茂木先生が起源の話をされていましたけど、僕も自分の祖先のことをよく話すんです。内田家の四代前は庄内藩士で、三代前は会津藩の出であるとか、だから、東北の戊辰戦争の賊軍の系譜なんだ、と。でも、よく考えたら、僕の四代前の祖父母って、十六人いるんですよ。その中の一人である内田柳松さんという人を僕は「祖先」認定して、あとの十五人は僕の起源についての物語からは排除されている。この人たちは立場がないですよね。つまり、「内田家の四代前は」というのは、僕がつくった単なるファミリーストーリーで、僕の「センチメンタル・バリュー」なんですよ。

四代前の内田柳松さんは武蔵嵐山の農家の子だったんですけれど、武士になりたくて江戸に出て、北辰一刀流玄武館で修行して、そこそこの腕前になり、清河八郎と山岡鐵舟が徴募した浪士隊に加わって京都に行き、そこで近藤勇たちと別れて、また江戸に戻り、庄内藩預かりの新徴組隊士になり、戊辰戦争のときに庄内藩士に取り立てられた。このストーリーはたぶん先祖の中で一番わくわくする話なんですよ。この人の子孫であるという自己規定をすると、自分の家系に託された使命とか、あるいは自分の中に存在する潜在的な可能性とかについて、なんだかやることがありそうな気がしてくる。

要するに自分で物語を選んでいるわけですけれど、その基準は、その物語が自分の生きる上で指南力を持ちうるかどうか、なんですね。右に行こうか左に行こうか迷うときに、「こっちだ」と方向付けをしてくれる力。ある方向に向けて背中を押してくれるような強い物語を選んでいるような気がします。

多くの人が晩年になると血族について書きますよね。あれはやっぱりどこかで自分自身の人生をある歴史的文脈の中に位置付けたいという願望の現れだと思うんです。自分はいかなる使命を果たすためにこの世に生まれたのか、そしていかなるミッションを果たしたのか、死期が近づくと、それを可視化してくれるような物語が欲しくなる。

先ほどのケンブリッジの教授の椅子のお話も、父親が自分を育てるときにどういうビジョンを持っていたか、どんな未来を託して椅子をつくったかについて付帯するストーリーがきっとあって、椅子を見ていると自分が父の感化で育って、どう生きていくのかについて強い指南を受けたことを思い出すし、それがセンチメンタルバリューという言葉になっているんじゃないですかね。

頭の善し悪しの分水嶺

釈　茂木先生は、今のお話のように「ストーリーと聖性は不可分で、すごく求心力のあるストーリーに何らかの聖性が生まれる」という点についてはいかがですか？　ずいぶん前に、「北九州育ちのお母さんが地元に戻ると、まるでスイッチが切り替わるように北九州人を演じるのがすごく魅力的に感じた」と書かれておられましたが、その場のストーリーにわが身を委ねることが聖地の重要なファクターになると考えられるでしょうか？

茂木　そうですね。僕が内田先生を一番信頼しているのは、そういう聖性に対する態度です。記号にならない前の、うごめくものたちに対する感性。非常に面白いことに、今の人工知能の研究において「ディープラーニング」という概念の獲得があって、これは人間が指示しなくてもニューラルネットワークが学習するというものです。次の革命は身体性と結び付いたこのディープラーニングだとも言われています。いま、記号や概念になる以前のさまざまな環境情報に柔軟に適応するロボットを、ディープラーニングの人工知能と結び付けてつくろうという動きが始まっているんです。

じつはここがいわゆる僕が考える「賢い人」と「賢くない人」の分水嶺なんです。そもそも言葉の意味ってものすごく狭くて、たとえばわれわれがこの一〇年でどれくらい新しい概念を獲得したかといえば、一〇とか二〇じゃないですか、きっと。たとえば「男の娘」っていう概念を皆さん、ご存じですか？　男の娘って書いてオトコノコと言うんですけど、女性のようなかわいさ、きれいさを持った男の人を指す言葉です。そういう新しい概念が一体われわれの日常の中にいくつあるかというと、ほとんどない。つまり、われわれの言葉は現象の全てをきめ細やかに網羅することなんてできないんですよ。

きょう、僕、凱風館に初めて伺いました。でも、僕は一言も感想を述べていません。言えないし、言う必要もないからなんです。だって、もうすでにこの空間にうごめいているものが自分の中にいろいろ来ているわけじゃないですか。たとえば斎場御嶽に行って、斎場御嶽について語ったところで意味がない。言葉にすることでふたをしているだけで、本当はもう言葉にならないようなうごめくものをその場から感じることが大切なんです。まさに内田先生がさっきおっしゃったように。じゃあ、そのエビデンスは何なのかっていうと、本当にくだらない話になるわけです。

僕は脳科学者をやっているんで、いろいろ聞かれるわけですよ。茂木さん、聖地に行くと何か脳が活性化したりするんですか、とか。その類の本当にくだらない質問する人っていうのは、典型的に頭が悪い人たちですよね。聖地に行くと脳が活性化するとか、いいことがあるなどを言わない人がいちばん賢いと思うんです。なぜかというと、脳が活性化すれば頭がよくなるという「理解」自体が本当に浅はかなんです。それは、さっき内田先生がおっしゃった、コミュニケーションできない子どもたちの問題とつながっていくと思います。

頭の善し悪しの決定的な分水嶺のひとつは、この世には記号化されていない、でもあきらかに自分が体験として見分けられるものがあると知っていること。「見分ける」の「見」は身体の「身」でもいいかもしれませんが、そういうことが世の中にはあって、実際にわれわれはそこに柔軟に適応しながら生きている。この感覚を持っているか持っていないかなんです。それで生き方や人生観が大きく変わってくる。

この感覚を内田先生が何歳くらいからお持ちか分からないですけど、ずっと持たないで生きている人もたくさんいます。残念なのは、その人たちにも見分ける能力があるのに自分が気付いていない。そうやって生きてきた年月って、本当にもったいないですよ。

ツイッターなんかでも、ある記号化された決めつけで全てを片付けようと思っている人がたくさんいる。そこで吐いている記号列は、うごめいているものから出てきたある種の分泌物で、「ふた」にしか過ぎません。でも、本来問題にされるのは別のもののはず。それなのに、ふたが全てだと思っちゃう人が非常に多い。それはものすごく残念なことです。

でも、これは教えることができないんです。だから、内田先生が道場をやっていることのひとつの意味は、ここなんだろうなとも思います。この感覚はツイッターでやり取りしても全く教えられない。どうしたらいいんですかね、そのあたり？

内田　さっき、道場に来て、ただただ、この畳が気持ちいいとおっしゃってましたものね。

茂木 そうですよ、この柔らかさ、本当にすごく気持ちがいい。

内田 この道場をつくったときに一番配慮したのは、触覚的に気持ちがいい空間をつくるということだったんです。畳に手のひらや足の裏が触れたり、稽古していると受け身をとったときに顔が畳についたりしますけれど、そのときに身体的な愉悦があると、人間ってどんどん皮膚の感度を上げていけるじゃないですか。できるだけ愉悦を多く取り込もうとして、文字通り「毛穴が開く」。

だから、とくに少年部の子なんかが入ってくると、観ていると面白いんです。入門したてだから、技なんか何もできない。だから、意味もなく道場の中を走り回っている。ひたすらキャーッて叫びながら走り回り、転げ回るんですよ。よく見ていると、畳に素足で触れていることが気持ちよくて、うれしくてたまらないんですね。僕はそのときにはもう既に稽古が始まっているんだろうなと感じます。

茂木 すごく分かります。気持ちいいですね、やっぱり。

内田 子どもたちにとって一番大事なことは、素肌で触れて気持ちがいい場所だとか、あるいはいい匂いがして、目に優しくて、耳に優しい空間を提供することだと思うんです。そうすれば、どんどん皮膚の感度は上がってくる。感度を上げることで快感が増大するとわかったら、子どもたちは外界から入ってくるざわめきをできるだけたくさん取り込もうとする。だから、子どもたちの皮膚感覚を敏感にしようと思ったら、簡単なんです。感覚を敏感にしたら気分がいいという保証さえあれば、子どもはいくらでも感覚を敏感にしますよ。特別なプログラムをつくらなくても、技術や知識を教えなくても、身体を解放して、毛穴をいっぱいに開いたら気持ちがいい空間を提供しておけば、それだけで僕が子どもたちに武道を通じて教えようとしていることの三分の一くらいは達成できるような気がします。

茂木　皮膚って自己と他者を峻別する一番の境界じゃないですか。だから脳でつくっている自己意識もあるんだけれど、皮膚はもっと根本的なところにおける自己と他者の境界で、そこに快感が存在するっていうのは、ものすごく深い話だと僕は思いますけど。釈先生いかがですか？　そのあたり、仏教的には？

釈　仏教思想の中で、〝皮膚が特別な座を占める〟という傾向はないと思います。ただ、おっしゃるように自己と他者との境界に快楽が発生することは、仏教でも詳しく説かれています。これは個体という認知が極度に発達した人類ならではの喜びでしょう。しかし、仏教は「それは喜びの発生源であると共に、苦しみの発生源である」と説きます。そのため、苦楽中道（喜びにも苦しみにも支配されるな）や、自他一如の境地について語るわけです。なんだかずいぶん非人間的なところまで行ってしまうのですが……。ここが仏教の恐ろしさですね。仏教では自己と他者とを分けるところに苦悩が生じると考えますし、もちろん喜びも生じます。ですから、仏教は、突き詰めたら喜びにも苦しみにも支配されるなという非人間的なところに行ってしまいますよね。

身体内の聖地を巡る

釈　ひとつ茂木先生にお伺いしたいことがあります。われわれはあっちこっちを回って、「ここは聖地だ」とか、「ここはきてます」とか言っているわけですけど、もしかしたら身体内に聖地の相似形みたいなものがあって、そこを巡るようなことを、人類は古代からやってきたんじゃないのでしょうか。

茂木　それはたとえば瞑想とかですか？

釈　ええ、瞑想はその代表選手でしょう。瞑想によって、自分の身体内の聖地を巡るという作業を実践できそうです。実際に瞑想をやると、意識をどこに持っていくかによってずいぶん身体の具合も変わるんです。視覚がやっぱり意識と一番強くつながっているようで、見たものに集中するのはやりやすいんですけども、意識を別のところに集中させたり、意識を順に移動させていったりすると、身体の感じ方や世界の感じ方はずいぶん変わってきますね。

私自身は、浄土真宗ですので、基本的に瞑想や座禅をしませんが、学生時代に座禅を指導していただきました。最も感じたのは、なんて自分の身体って思いどおりにならないんだろうということでした。自分の身体がいかに思いどおりにならないかを改めて点検する作業、座禅にはそんな面があるように思います。そして、身体のいろんな場所に聖地があることは、瞑想や禅で実感できると思います。

中国には、身体を聖地に見立てて、山水図のように描いたりする絵が残っています。つまり、いかに意識を身体内で循環させていくかをあらわしていて、意識を一カ所に止まらせずに常に循環させる行為を、古代から人類はずっと取り組んできたんですね。脳科学のほうから見て、そうした身体内の聖地という考え方はどうなんでしょうか？

茂木 宗教体験をする脳の場所は頭頂葉といわれています。頭頂葉はまさに身体のイメージをつくっているところです。あと、体外離脱体験を起こすところは「Temporo-parietal junction というんですけど、頭頂葉と側頭葉のジャンクションに当たる場所です。

釈 （頭頂部を指して？）ここですね。

茂木 はい。そこが身体性と非常に結び付いている。いわゆる超越的体験というのは、身体性と結び付いているというエビデンスがたくさんあるんです。

僕、おそらく聖地についての議論は究極までいくと意識の現象学として、今ここは全て聖地だっていう結論にたどり着くと思うんです。実際、それが現在の僕の実感に一番近い。

というのは、科学って発達しているんだけど、結局、最も根源的な謎については何も解明できていない。例えば時間の謎。セッションを開始した時刻から今まで約一時間がたとうとしていますけど、その時間はもうここにはありません。僕が新神戸から歩いていた時間もない。そうやって時間がどうして流れていくのかについては、断言していいんですけど、現代の物理学では何も言えません。それから、もちろん意識がなぜあるのかも言えない。人工知能の研究がいくら進んでも意識の問題は解けません。ということは、今ここでわれわれが経験しているごく平凡な体験、ごく陳腐な体験、普通に吉野家で牛丼を食べたり、あるいはスーパーで買い物をすることにも聖地の起源が隠されている。その意味では、どれもがとてもミステリアスな経験で、今ここが全て聖なる体験だという言い方もできる気がする。

　僕は五二歳ですけど、そういう感じで生きていると思います。だから内田先生と釈先生には非常に悪いんですけど、別に聖地行かなくてもいいやみたいな感じなんです。

釈　聖地巡礼自体が全面否定になっちゃうじゃないですか（笑）。

心身変容装置としての聖地の存在

茂木　いやいや、全面否定じゃなくて（笑）。でも、それはおそらく一度そういうところに行って、ある見方を獲得しないと無理なのかもしれません。脳科学的に言えば、聖地である斎場御嶽に行って、あの何のしつらえもない単なる岩や緑を見ている経験をしているからこそ、何か気付きのスイッチが入るのかもしれませんね。

　高倉健さんの任侠物の映画を見たあと、みんな肩を怒らせて出てくるのと同じで、あるものを見ることによって他の日常が全て違って見える。そんなスイッチ装置として聖地はあるのかもしれません。

内田　僕も聖地は「よくプログラミングされた装置」だと思っているんです。そこを訪れた人が軽い瞑想状態に入れるように非常にうまく設計されている。ふつうは歩いて聖地を目指すわけですけれど、その歩くときのリズムや風景の変化がね、ちゃんと設計してあるんですよ。

茂木　内田先生、どこが一番効果的でした？

内田　装置として出来がいいなあと思ったのは熊野ですね。

茂木　熊野古道ですか？

内田　ええ。熊野古道を歩いて那智の滝まで行ったんですけど、本当によくできているなと思いました。曼荼羅のような宇宙図を現実の空間に配置したような感じで。実際に僕たちは自分の身体を使って移動するわけですけれど、歩きながらある種の宇宙的な経験ができるように非常に精密につくり込まれているように感じました。

だから、聖地っていうのはある特定のポイントのことではなくて、聖地に向かって旅する運動の過程まで含んでいるんだと思うんです。聖地を目指す時間の経過とか、移動がもたらす心身の変化まで全部込みでプログラミングされているのが、「よくできた聖地」なんじゃないですかね。聖地とはある種の「心身の変容装置」だと言えると思いますね。

茂木　僕も最も根本的な問題にそこがある気がしています。つまり、どういうことかっていうと、以前、千日回峰行を二度満行された酒井雄哉さんと対談したことがあるんです。酒井さんて四〇歳前後まで普通のサラリーマンかなんかで、それから比叡山に入った方なんですが、千日回峰行を始めるには条件があって、それは、お釈迦様の姿を見なくちゃいけないらしいんです。確かに見たかどうかを確認する方法があるようなんですが、それは門外不出だから誰も教えてくれない。この世の中で本当に大事なことってそういう形でしか起こっていないんだなという気がします。

例えば、初代長次郎の楽茶碗があるじゃないですか。一回だけそれでお茶を飲んだことがあるんです。家元が何も言わずに出して、飲んだ瞬間に、「え？ 何だ、何だこれは？」って思ったら、初代長次郎の黒楽茶碗だった。まさにそれ、内田先生がおっしゃった「快感」ですよ。

だけど、じゃあ脳計測して、ＭＲＩで脳のどの部位が活動したのかを調べて、長次郎の茶碗は他の器に比べて脳科学的にどう違うのかを言えとなったら、大事な何かが失われてしまう。「とりあえず自分たちは分かっている」という世界で信じ合うしかない何かが世の中にはあるんですよ。だから、さっきのお釈迦様の姿を見たという話だって、じゃあ科学者が本当に見たのか、単なる勘違いなんじゃないかって言ったら、勘違いかもしれません。でも、実際に千日回峰行をやって、九日間不眠不臥で水も飲まずにお経を唱え続ける。そこまで人間がやるっていうのは、何かがあるわけでしょ。それを信じるか信じないか以外にない。聖なるものについての議論って。

釈　どこかでジャンプするようなところがないと成り立たない。

茂木　それが信じられないような、要するに猜疑心に富んだ人たちが非常に多くなってきているのが現代です。信じるか信じないかっていうのは、本当にすごい分水嶺です。内田先生がおっしゃったことはまさにそのとおりだと思います。でも、熊野古道の体験を、猜疑心たっぷりに、そんなの別にスポーツクラブのルームランナーにプログラムすれば同じようにできるんじゃないですかって言う人が絶対いる。

プロセスにこそ本質がある

釈　ちょっと聞いてもいいですか。先ほどの仏様を見る体験というのは、「見仏三昧」という大乗仏教の主要テーマでして。

茂木 ご専門ですもんね、すみません。

釈 いえいえ。その見仏三昧へと至る道筋も示されていて、その中のひとつに常行三昧があります。お話に出てきた酒井雄哉さんもこれを実践しました。おそらくお釈迦様じゃなくて、阿弥陀様だと思います。常行三昧は、九十日もほぼ不眠不休です。ずっと念仏を称えながら堂内を廻り続けます。そんなことをやっていると、仏様が見えても不思議じゃないと思うのです。もう何が見えても不思議じゃないといいますか。でもそれ、例えばドラッグを使っても似たようなビジョンを見る可能性だってあるじゃないですか。

茂木 ああ、きましたね。

釈 つまり、そうやって体系化された伝統的なプロセスを通して得られる体験と、ただ生理的負荷をかけたり、ドラッグを使うことによって得られる体験は、違うと思います。でも脳内現象という点だけを見れば、ほとんど変わらないのではないでしょうか。この違いは、科学で数値化することはできないような気がするんです。

茂木　僕がドラッグをやらない、アルコール以外のドラッグをやらない理由はそこにあるんですよね。
　僕、最近になってやっとマーラーの、とくに後期音楽が本当に肌に合うようになってきたんです。今、人工知能についての『神の名前』というヘボ小説を書いているんですけど、ＢＧＭに後期マーラーの、あの脱構築したような音楽がすっごく合う。子どもの頃から聞いているんですけれど、その頃は長いなあとか、くどいなあとか思っていたわけです。それがマーラーのシンフォニーみたいな音楽が小説を書くのにいいと分かるのって、いわゆる認知的な負荷をかけるというか、それなりに考えたり、経験したり、感じたりしないと到達できない。そうやって初めて得られるマーラーの快感が確かにある。
　おそらくドラッグ使ってもその快感にはすぐ到達するのかもしれないけれど、途中の認知プロセスが全部、抜け落ちるわけです。ドラッグ使ったらお釈迦様も見られるのかもしれないけど、過程こそが一番の本質で、結果としてのマーラーの快感やお釈迦様の姿というのは、本質じゃないのかもしれない。
釈　なるほど。実はこの問題は以前からよく考えているテーマなんです。中学のときに、友だちで観音菩薩を見たっていうやつがいたんです。そいつはシンナーばっかりやっていて、飽きたらずに今度は強烈なボンド吸うようになって、「俺は昨日観音菩薩見た」と言い出した。その時はみんなで笑っていたんですが、よく考えてみるとなぜそんなビジョンが出てきたのか気になって(笑)。

脳に何らかのダメージや影響を与えたら聖なるもの的なビジョンが見えることもあるのでしょうね。でも、そういうものと見仏三昧でブッダを見る経験とは、先ほどのお話のように認知プロセスが明らかに違う。そしてそこにこそ本質がある。ここはなかなか科学的に測定できない領域でしょうね。

茂木 プロセスが大事なんじゃないかと僕は思うんです。最近だとアメリカの大学に行くと、テスト前にドラッグをするなっていう紙がトイレに張ってあったりする。成績をよくするためのドラッグです。そういうのがあるんです。でも、それで学力が本当につくわけではない。やっぱり、すごくシンプルに言っちゃうと、苦労して得たもの以外は身に付かないみたいなことが脳の中にはあるような気がします。

内田 目標って言われるものは実は目標じゃないんですよね。あることがやりたいと思って稽古をしていると、それ自体はなかなかできない。でも、目的として設定されていないことがどんどんできるようになっていく。

ときどき門人が「いつまでたっても少しもうまくなりません。あの技がしたいのに、できない」って愚痴を言ってくることがあるんです。でも、そんなの気にすることないよって言うんです。目標にしている技はできていないけども、稽古の過程で、以前はまったくできなかったことが実際はどんどんできるようになっているんだから。ただ、そこは本人は自覚していないんです。自分が達成目標に設定していることに視野がふさがれているので、それに付随する無数の目標にない身体運用がどんどん身についていることはわからない。「目標」っていうのは、実は稽古の方便なんです。なかなか達成できない目標を仮設しておく方が、いいんです。目標はなかなか達成できないんだけれど、気がつかないうちに、いつのまに前にはできなかったことがどんどんできるようになっている。だから、一番使い勝手がいいのは、ちょっとずつ近づいた気になって、ある日「あ、できた」と思ったら、すっと遠のくような目標なんです。自分が設定している目標になかなか近づけないので不満顔している人がいますけど、いやあいい稽古しているなって、僕はニコニコしちゃう。

いまお話ししていた「お釈迦様を見る」というのはナチュラル・ハイの状態でそこまでいくにはかなりむずかしそうですね。身体が持っている宗教性をものすごいレベルまで上げていかないと無理でしょうね。

釈　なるほど。ケミカルなハイではなく、ナチュラル・ハイ。

内田　ナチュラル・ハイは身体の組成をつくり変えて、まるで呼吸するような感じで武道的あるいは宗教的に心身のレベルを高めてゆくことだと思うんです。日常生活そのもの、常住坐臥、起居のすべてが修行であるように生活を設計したら、いけるんじゃないですかね。

釈　先ほど皮膚が他者との最初の境界線という話がありましたけども、武道でもお互いが本当にいい状態になると、そのあたりの境界が融解しそうですね。

内田　そうですね。僕は「同化的に身体を使う」と言っています。

釈　われわれが以前、熊野を巡礼したとき、新宮にあった神倉神社のゴトビキ岩を目指して急な石段を登りましたけれど、そのとき石段の間隔が非常によくできているという話をしましたよね。登っているだけで、だんだん気分的にハイになってきて、ちょうどいい頃にちょっと休憩するような場所がある。あれ、すごくよくできていました。登っていくうちに、まわりの環境とわれわれの皮膚との境界が薄くなる感じもしました。

新宮の火祭りとトランス

茂木　今の話で思い出したんですけど、知り合いに誘われて新宮の火祭りに行ったことがあるんです。

内田　そこですよ。

釈　そこです。

茂木　あれですか！　あれ、すごいですよね。本当にびっくりした。

釈　実際に火祭りをご覧になったんですか？

茂木　はい。火祭りに行って、あの石段を下りてきたんですけど驚いた。男たちが石段を下りてくるっていうのは聞いていましたが、その石段がもう無茶苦茶。いや、石段じゃない。単に岩が置かれているだけで、普通は下りてこられないですよね？ しかも夜中に真っ暗な中を先陣争いしながら下りてくるわけ。僕らは後ろのほうにいたんで、ゆっくりゆっくり下りてこられたんだけど、それでも危ない。先頭で駆け下りる人たちって、ちょっとあり得ないですよ。

釈 あれ、トランス状態でないと、走って下りるのは難しそうですよね。

茂木 怖くて無理。地元の人って毎日、毎日練習するらしいですね。それで終わったあとに細い道を走っていくんですけど、女人禁制なので、女の人たちが周りにいて、それがちょうど生まれるときに産道を通るみたいな感じなんですよ。

いや、あれはすさまじい。逆に言うと、日本という国の身体性に対する要求水準の高さ、どれだけすさまじいものを祭りのときに要求したかってことですよね。

釈 参加すれば、それほど宗教的感性が強くなくても、装置があまりによくできているのでトランスしちゃう。

内田 しかもそれを祭礼に組み込んでいるのがとても大事なことで。子どものときから祭礼に参加して、じっくりじっくり年に一回の祭礼で最高のパフォーマンスができるように自分の身体をつくり込んでいく。何十年という時間をかけて、ある祭礼のある瞬間においてトランス状態に入るような心身をつくる。これって時間はかかるんですけど、たぶん一番手堅い方法なんだと思います。

釈　それにしてもあの急斜面を、あのスピードで、たいまつ持ったまま下りるっていうのは、普通じゃちょっと考えにくいですよね。

茂木　狂っていますよね。いや、実際に見るまであんなものだと思っていなかったんで、逆に人間を信頼する気になりました。

内田　そうですね。

茂木　吉野の大峰山の奥駈なんかも、まだ行っていないけど、恐ろしいらしいじゃないですか。

内田　何ですか、奥駈って？

釈　修験道の修行です。大峰山を縦走するんです。熊野につながってまして。確か一週間くらいかかるんじゃなかったかな。崖の先まで、縄で身体を吊したりするんですよね？

茂木　お父さん、お母さんを敬うかとか聞かれて、敬うと答えないと落とされちゃう。それはまだ序の口で、本当にすさまじいらしいです。

釈　かなりの高低差がある険路ですから。

茂木　最近はウルトラマラソンなんかも人気ですけど、ああいう近代化されたものとはちょっとまた違った次元の究極の何かがありますよね。

聖地はきれいごとじゃない

釈　先ほど沖縄の斎場御嶽の話が出ましたが、何度か行かれているんですか？

茂木　ええ、僕はよく行ってますね。内田先生は？

内田　行ったことないです。

茂木　あそこもすさまじいです。

釈　どんな感じなんでしょう？

茂木　聖地って、やっぱりどこもすさまじいですよ。絶対にものすごい秘密があると思います。なんというか、きれいごとじゃないと思う。

釈　なるほど。ピュアというよりも、もっとドロドロしたような？

茂木　ドロドロっていうか。生きるってもともとすさまじいことだったわけじゃないですか。たとえばスーパーに行くと、できない子に勉強を教えますっていう家庭教師のチラシが置いてある。僕はもともと偏差値教育は否定派ですが、そういうのを見ると、ますます親のすさまじい情念を感じちゃう。早い話が、勉強できるかできないかに人生の分かれ道があると思い込んでいる親がたくさんいる。そういうのは糞くらえと思っていますが、大多数の人にとってはそれがリアルに見えている。だからそのチラシを見て、おそらくなけなしのお金をはたいてその家庭教師を頼む。その姿を想像すると生きるってすさまじいなあって思います。親が子どもの成長にかける執念が怖い。

内田　それってイデオロギーというか、ある種の呪術信仰みたいなもんですよね。

茂木　確かに。

内田　現代日本人がリアリティだと思っているものって、イデオロギーというか、ある種の思い込みですよね。

茂木　あれも怖いですよね。出雲大社に行く縁結び電車とか。

釈　そういうのがあるんですか?

茂木　女性たちの縁結びにかけるあの執念って怖いですよ。私はいい男性に出会って幸せになりたいっていうのはいいけど、それって結局、私が幸せになると誰かが幸せになれないってことでしょう。そのいい男性は売り切れるわけだから。ああいうのを見ても本当に生きるってすさまじいなあと感じます。

釈 京都に安井金比羅宮というのがあって、縁切り神社として有名なんです。そこに大きな穴の開いた碑があって中をくぐると縁が切れて、逆にくぐると縁が結ばれるそうです。

茂木 怖いな。間違ったら大変だね。

釈 そこに願いを書いたお札を貼り付けているんですけど、あんまりたくさん貼るものだから、もう碑なんてまったく見えなくなっちゃって、でかいお札の固まりみたいにふくれあがってしまってるんです。

茂木 貼ったお札で？

釈 はい。まさに情念の固まりになっているんですよ。それ見ると、ちょっとまあゾッとするといいますか。

茂木 怖いなあ。

釈 横には絵馬がいっぱいあるんです。縁切り神社なんで、けっこう露骨で、息子があの女と早く縁が切れますようにとか、私以外の人間は全員不幸になりますようにとか、ものすごい数なんです。もうびっくりするくらいドロドロしたものが集積している場所ですね。

聖地で人は暮らすことはできない

茂木　言葉悪いですけど、人類ははるか太古から人の力を奪おうとする呪いについては、ものすごく敏感です。もともと聖地の起源ってそういうものかもしれませんよね。

釈　そういう面もありますね、確かに。

茂木　死者とか敗者たちの霊を慰めるとか。

釈　うんうん、そうですね。

内田　基本的に聖地っていうのは、「そこでは暮らせないところ」なんだと思いますよ。聖地の上に家をつくって、夜に寝るっていうのは無理でしょう。だから、聖地の条件のひとつに「そこでは生活できない」というのも加えていいんじゃないかな。よほど鈍感な人間だったら別だけれど。それでも、感受性の回路をオフにしていないともたないと思う。目も見えていないし、耳も聞こえていないし、誰かに触られても分からないくらいに鈍感になる以外に聖地では生きていけないんじゃないかな。

聖なるものは「敬してこれを避ける」のが基本ですけど、ときには切迫してくることがある。その時には、対処する技術が必要になる。おそらくそれを学ぶのが武道や呪術や儀礼や祭祀であって、それらは「恐るべきもの」との関わり方の訓練なんだと思います。君子の「六芸」の第一は「礼」ですよね。礼は鬼神に仕える作法です。まず君子が学ぶべきものは、超越的なもの、災いをなすもの、邪悪なものとどうやって関わりを持つか、正確にはどうやって関わりを持たずに、どうやって適切な距離を取るかという術です。「敬する」というのは「距離を取る」という意味ですから。

でも、聖なるものから適切な距離を取るためには、聖性に対する感受性が絶対に必要なわけです。近づいてきたから遠ざかる、ここまで退けば安全だとかを知るには、聖なるものの接近を先駆的に感知できなくてはならない。触れられたら手遅れなんだから、触れられる前に察知して、しかるべき手立てを講じる。これが最優先の気遣いだと思います。

さっきお話に出たような呪いの場所というのは、どちらかというとかなり近代的な聖地なんじゃないかな。おそらく発生的には、殺生石のような有毒ガスが出る場所とか、マグマが噴き出したり、猛獣や毒蛇の類が巣食っていたり、人間にとって危険な場所がたくさんあって、そこに近づいたときに、なぜか知らないけどこの先に行くと危ないということがわかる個体がいた。それが感知できる個体は生き延びて、感知できない個体は死んだ。そうやって淘汰されてきた末にわれわれがいるわけですから、「なんだかわからないけれど危ないもの」についての感受性のDNAはわれわれの中にいまも残っている。

釈　内田先生も聖地でそれを実感されていますものね。

内田　だから、あんまり頻繁には行きたくないですね。僕が出無精なのは、そういうのが嫌なんですよ、本当言うと。

釈　嫌な目に遭いたくないっていうことですか？

内田　年に一回くらいならいいけど。

釈　なるほど。

内田　聖地に行くとやっぱりザワザワ感があるわけです。自分の「ザワザワ感のセンサー」がちゃんと機能しているかどうか、危ないものが接近してきたらちゃんとアラームが鳴るかどうか、それは定期点検しないといけない。でも、定期点検して、「ああ、ちゃんと機能しているな」というのが分かれば、僕はそれで十分なんです。「ここはすごいね」って笑って言えるのは、聖地巡礼って一過性のもので、何時間かしたらこの場所を離れることができると分かっているからで、そのままここに一週間いてくれと言われたら、ちょっと勘弁してくださいですよ。

釈　なるほど。そんなふうに聖地というものが太古の昔から形成されてきた。では、新しい聖地っていうのは生まれてくるものでしょうか。また、聖地っていうのは、やがて寿命が尽きたりするようなものなんでしょうか？

内田　寿命が尽きるってことはないと思います。神社が建っている場所を点で結ぶと、その下に活断層があるなんてこともあるから。

釈　構造線があるとか、水脈があるとか。

内田　火山帯まで行かなくとも、巨木とか巨石とか滝とか、そういう「依《よ》り代《しろ》」

はほとんど地質学的な時間の流れの中で形成されるものですからね。われわれの人間的な時間の尺度で測れる範囲内で聖地が生まれるとか消えるとかっていうことは、あまりないんじゃないでしょうか。

ネガティブな性格因子をいかに鎮めるか

茂木　そうですね。僕、きょうすごく分かったことがあります。みんな聖地っていうと、そこに行けば心がきれいになるみたいな、女性誌で特集されるデトックスや美容と同じ文脈でとらえられがちですけど、もともと人間の中に邪悪なものがあって、それを抑えるために発達してきたというのが起源として一番近い気がします。

というのは、Tehuという、灘高出てＳＦＣ（慶応義塾大学藤沢湘南キャンパス）に通っている天才がいますが、彼が最近、頭の毛が抜けてきちゃったって言う。なんでって聞いたら、彼は大活躍しているからすごく目立つんですよ。だから、あることないこといろいろＳＮＳとかに書かれて、医者にそのストレスが一番大きいと言われたと。まだ二〇歳なのに。

僕のところにもそういうメッセージが大量に毎日届きます。僕はすごく耐性が高いから大丈夫なんだけど。内田先生のところにもたくさん来ますよね。内田先生はブロックするんでしたっけ？

内田 僕は読まずに一瞬でブロックします。

茂木 僕はブロック一切しないんですがそれを読むとこれまでたくさんの学者がビッグファイブという五つの性格特性があるという理論を思い出しますね。人間の性格がどんな要素から成り立っているかを研究してきて、最も重要な五つの因子についてのコンセンサスができたんです。この因子のほうが知能指数なんかよりも人の成功に関わるといわれています。

最初の四つはよい因子なんです。第一がオープンネスで、新しい経験に対して開かれていること。だから、経験からさまざまなことが学べる。第二がエクトラバージョン、外向的であること。それから第三はアグリアグネス、親しみやすいとか、そういう特性です。第四はコンシエンシャスネスといって、ひとつのことをちゃんと最後までやり遂げられること。

五つ目が面白くて、ニューロティシズムといって、くよくよしたり、嫉妬したりだとか、そういうネガティブな因子です。これもすごく重要な性格因子だってことが分かったんです。ツイッターなんかを見ていると、嫉妬とか偏見だとかにとらわれている事例がある。たくさんある。僕は比較的そういうものがないほうなんで、あんまり重要だと思えないんだけど、実際、ここにいらっしゃる皆さんの中でも恐らく五人くらいはネガティブなものにとらわれている人がいると思うんです。憎しみとか、偏見が出てきちゃうと、本当に人生、どうしようもなくなっちゃうんですよね。

研究者がビッグファイブにその因子を入れているのは、実際にそれがその人の性格に非常に大きく影響していると考えているわけで、大事なのはこれをどうなだめたり、抑えるかなんです。内田先生の場合はブロックしますけど、僕はブロックしないんで毎日山のようにメッセージが来ますがそういうのを送る人って僕を使ってデトックスしてるようなものですよね。

釈　その五つで人間の性格が説明できるということですか?

茂木　専門的に言うとバリアウィーティっていって、その五つの軸の上で変動しているということです。要するに、統計的な変動の主因子はその五つに分類できる。

釈 思ったよりネガティブなものが少ないですね。五つのうちの一つなんですね。

茂木 だけど、その影響が非常に大きいんですよ。人間に害を及ぼしますから。大丈夫ですか、皆さん？ 例えば嫉妬とか。なんで内田樹だけあんなに人気があるんだとか思ってません？ いや、冗談抜きで、そういうときになだめる方法があるといいと思うし、それと聖地の起源ってものすごく関連していると思うんです。

内田 ははあ。

茂木 だって菅原道真だって、今でこそ学問の神様で御利益があるって言われてますけれど、もともとは彼の怨霊をなだめるために神社ができたわけでしょう？

釈 なるほど。霊鎮めのための聖地というような。

内田 祟り神はものすごく多いですね。祟るものは全部神さまにしちゃえという。神さまとして祀るというのは、さっき言ったように、距離を取るということなんです。邪悪なものには近づかない。

茂木　だから、ブロックする。

内田　ブロックするのは、あれは「祀っている」んですよ。邪悪なものと関わりたくないから。これは僕の合気道の師匠である多田宏先生の教えなんです。暴力的なもの、攻撃的なものは、映画とか漫画でもあまり見ない方がいいって。僕たちは娯楽として消費しているつもりでいるけれど、そこで見た血なまぐさい映像は心のどこかに残る。荒々しい映像や心象に心は影響される。だから、ネガティブなものはできるだけ入れない。不安とか、怒りとか、恐れとか、切迫してきたら、瞬間的にパッと切る。多田先生だって、おそらくもともとは気性の激しい方なんだったと思います。でも、今茂木さんがおっしゃった五番目の否定的な因子を消す修行を二〇代の頃からずっとされてきたんだと思います。

茂木　それができたら、ものすごく人生はよくなりますよ。そこに人生の秘密があるって言ってもいい。

釈　外在化している邪悪な因子から距離を取るっていうのはできそうな気がしますが、内面からこんこんとわき上がる邪悪な因子を消すのは難しいでしょうね。

内田 そうですねえ。意馬心猿、本当にもう煩悩の犬がワンワンほえていますからね。

心を整える技法の大切さ

茂木 心理学で最近、ポジティブサイコロジー、ポジティブ心理学ということがよく言われています。どうやったらクリエイティブになれるか、人とコミュニケーションできるかみたいなことにフォーカスしたものですが、かつては精神病理学というか、ネガティブなものをどう治すかにフォーカスされていました。それが変わってきたわけですけど、ポジティブ心理はネガティブ心理と無関係ではなく、むしろそれと非常に密接に関わっているそうです。つまり、当然、ドロドロした部分は誰にもあるんだけど、泥から蓮の花が咲くみたいに、泥のネガティブ心理からポジティブ心理の蓮の花が咲く。みんなが泥じゃなくて蓮の花のほうにシフトしていくと、より平和な世の中になっていくんでしょうけれど。そのためにも誰でも霊鎮めの儀式、技法は必要だと思います。

釈　自分自身の中の邪悪なものを鎮める儀式・技法。

茂木　それができるとそれが心の中が聖地になっていく感じがする。

釈　それはあるかもしれませんね。個人的なことでいうと、私はお寺に住んでいますので、毎朝お勤めもありますし、出掛けるときに必ず本堂の前を通ります。本堂の前で合掌して、礼拝をしてから出る。毎日毎日どこ行くにも頭下げなきゃ出られないっていうのは、結構ありがたいことでして。今日は行くのがかなりしんどいなって思うときでも、取りあえずいつもどおりその前で合掌して礼拝したら、足が進む。

茂木　確かにそういう習慣化は大事かもしれないです。

内田　僕も朝起きたときに道場をひとりで開けるんですけど、まず正面に礼拝して、祝詞をあげて、般若心経を読経します。

茂木　おお。

釈　そんなことしているんですか。初めて聞きました。

内田　毎日やってます。道場は霊的に浄化された空間じゃなきゃいけませんから。自分の家の中に、そういう霊的に清浄な空間があるのはいいですよね。

釈 うん。今、「正面」とおっしゃいましたが、仏壇や神棚があると、住んでいるところにひとつの方向性が生まれることをひしひしと感じます。

内田 凱風館は道場が中心の建物ですから、われわれはその二階に下宿させてもらっているみたいな感じです。

釈 私は、お寺のすぐ裏の民家で、認知症の方たちが共同生活をするグループホームを運営しています。今は九名が住んでおられます。そこは昔ながらの家なので、仏間があってお仏壇があるんです。すると、認知症がかなり進んだ人も、お仏壇に足向けて寝転んだりはしません。何も私が仏教を伝道しているわけじゃないのですが。その家が持っている方向性や軸というようなものを、暮らしの中で意識することは大切ですね。

茂木 心を調えるというか、それができることがやっぱり聖地の作用のひとつかもしれない。本当は聖地まで行けたらいいけれど、行けない場合にも、日常の中で心を調えることはいくらでもできると思うんです。

僕は毎日ジョギングしていますけど、必ず近くの神社に行って、しかも本殿じゃなくて横の茂みの中にあるすごく小さなほこらにお参りしています。そのうち、走ることじゃなくお参りすることがジョギングの目的になりましたけど。僕は近代合理主義者なんで、神様を信じているのかどうか分からないけど、心を調える感動は分かる。だからそれは続けています。

内田　初詣に行くと、特段信心なんかなさそうな人たちが一心に手を合わせていますでしょ。景気が悪いときなんか、祈っている時間が長くて、いろいろ神頼みしたいことがあるんだろうなと思いながら順番を待つわけです。ふだんは手を合わせて祈ることなんてしない人たちでも、こういう時には家内安全と五穀豊穣を祈願している。じっと手を合わせているのは、あれは神様から何か返事があるんじゃないかと思って、待ってるんですよ。初詣なんて何十年もやってきていて、これまで神様からのお言葉なんか一度も届いたことがないにもかかわらず、手を合わせた瞬間に、もしかしたら今日こそは何か神様からのシグナルが到来するんじゃないかなって。

釈　アンテナがピンと立つような感じですか。

内田　ユダヤ教の過ぎ越しの祭の儀礼で、食卓にひとつだけ席を空けておくというのがあるんです。そこは預言者エリアのための席なんです。エリアはメシアの先駆けなので、エリアがやってきたら、すぐにその後メシアがやってくる。メシアを待望するユダヤ教徒たちはエリアがいつ来てもいいように支度をしている。そういうことを何千年来やっているわけです。もちろん今まで一度もエリアは来たことがない。帰納法的に推理すれば、おそらく今年も来ないし、来年も来ない。でも、じゃあ止めようかということにはならない。これまで三千年来なかったとしても、今日は来るかもしれない。そういうふうに預言者の不在を欠落感として鋭く感知することによって、メシアニズム信仰は活性化している。

初詣もたぶんそれと同じだと思うんです。前に祈っていたら神様の声が聞こえたから今年も初詣するわけじゃない。祈っても祈っても神様の声は聞こえない。でも、そのことを欠落感として、物足りなさとして感じるということそれ自体が宗教性の起点なんだと思うんです。耳を澄ましても聞こえてこない神様の声のために、普段は使わない心の耳を澄ます。それが信仰の最も素朴なかたちなんだと思います。「心耳を澄ませて無声の声を聴く」。聞こえないものを聞こうとするときに身体が調う。手を合わせると身体が調う。

われわれって外側に対するセンサーと内側へのセンサーと両方を持っていて、外も自然だけど、体の内側もやっぱり自然じゃないですか。外側に対する感受性と内側に対する感受性が均衡している状態、外部環境からの入力に対して感受性が上がっている状態と、自分の内側で起きていることに対して感受性が上がっている状態が拮抗しているときがたぶん一番バランスがいいんだと思う。

そういう状態を作り出すための伝統的な手法があって、それが瞑想とか座禅とか、あるいは神社仏閣に行って祈願するとか、そういうことなんじゃないでしょうか。

聖地に行ったとき、われわれが「ザワザワ来ますね」なんて言うのは、外から来るものに対してというよりは、自分の内側を見て言ってるんじゃないかな。あるところを通った瞬間に、身体の内側で何かが起きた。微妙な変化があった。「ざわざわ」しているのって、何が起きたのか、それを一生懸命モニターしているんだと思います。

茂木　それを「心を調える」と表現しているのかもしれません。ちなみに脳科学の言葉でいうと「ディフォルトモードネットワーク」といって、外からのシグナルに対応するのではなく、アイドリングしているときに活動し始める回路があることが知られています。普通、モノを見たら視覚野が活動するし、何かを聞いたら聴覚野が活動するじゃないですか。そんなふうに、普通の回路は何かをしたときに活動するんだけど、ディフォルトモードネットワークは脳の一番奥にあって、何もしていないときに活動を始める。だから、恐らく瞑想に関係していると思います。つまり、自分自身の内面を整理するというか、未整理な情報を整理するときに活動する回路で、非常に大事な役割を持っているんです。

内田　アイドリングというのは実感としてよく分かります。合気道やっている人は分かると思いますが、呼吸操練の最初の呼吸は、吸いながらかかとを上げて、そこで短い瞑想に入ってから下ろすんです。かかとを上げているときは、身体のバランスはすごく不安定になる。どこかに力みやこわばりがあるとグラグラする。だからかかとを上げた状態でバランスをとるためには、自分の身体をアイドリング状態にするんです。僕が使っているイメージは、かかとを上げたときに身体全体が「サンドストーム」状態になる。テレビの画面に何にも映っていない状態がありますね。ああいう感じになるとバランスがいい。

たぶんそれって、今茂木さんがおっしゃった、脳の中がアイドリング状態になっているんだと思います。ギアがどこにも入ってないので、何が起きてもすぐに反応できる状態です。力みも、こわばりも、緩みも、詰まりも、何もない状態。全身の筋肉のテンションが均質化している状態。臨機応変にどうとでも対処できる自由で開放的で、ゆらゆらしている状態。そういう身体感覚って、アイドリングという表現が一番近い感じがしますね。

個体単位で考えるのは限界がある

釈　ところで、ミームっていうのがありますよね？　人から人へ伝わる「文化の遺伝子」といったものです。あれはどこまで信憑性の高い話なんですか。

茂木　ミームを唱えたのはリチャード・ドーキンスという科学者で、遺伝子と同じように振る舞う文化的遺伝子があるっていう仮説です。僕はあると思いますよ。

最近、属人的に考えるよりミームで考えたほうがいいケースが多い気がしています。例えば、内田先生も僕も教育についてはずいぶん発言していますよね。その内容がミームです。一見、内田先生にしても僕にしても、いくら発言したところで、別に文部科学省に関わっているわけじゃないんで影響なんかないように思うんですけど、じつは社会の中でいろんなものに参照される形で、ミームとして実際に国の教育を変えることもあり得ます。

だから、きょうわれわれがここで発言している聖地に対する態度や手を合わせることの意味みたいなことも、ミームとしてここで共有されて、皆さんが自分なりの考え方を持ってそれを周りに伝えることで、どれくらい広がるかどうか分からないけど、世の中に広がっていく可能性があるんです。

釈　遺伝子的なコピーというわけではないのですか？

茂木　遺伝子とまったく同じである必要はないと思います。リチャード・ドーキンスも必ずしもそうは考えていませんから。遺伝子的な振る舞い、類似の振る舞いをしているという仮説を言っているだけですが、それは実際ある。ありますよ。

釈　そうなんですか。

茂木　と、僕は思っているんですけどね。

内田　僕もあると思いますね。

釈　と言うのも、ずっとコピーされ続けてきた様式が、われわれの聖性と関係あるんじゃないかと考えているんです。

茂木　あるんでしょうね。だから個体の単位でものを考えると限界がある気がします。集団の単位で見ないといけない。

釈　そうですよね。よくわかります。

内田　やっぱり集団で見ないと測れないものってあるんですよ。村上春樹さんがどこかで言っていましたが、どんな時代のどんな社会でも、集団の知性の絶対量は変わらない。ただ知性の配置が変わるだけだ、と。大瀧詠一さんも同じようなことをおっしゃっていました。長いタイムスパンで集団を見た場合、集団そのものの質が一方的に劣化したり、一方的に向上することはない。ある領域の質が下がっているときには、別のセクターの質が上がっている。メインストリームが劣化しているときは、それまで全然気づかれないところで、誰にも気づかれないうちに次世代を担う新しいものが生まれている。ただ、古い枠組みの中にとどまっている限りは、新しいものを感知できない。どんどん生まれてきているんだけれど、気づかない。SEALDsなんかそうだったと思うんです。政府が一八歳まで選挙権を下げることを決めたのは、若い世代は政治に無関心だから、彼らの投票行動は政府がメディアを統制すれば簡単にコントロールできると思ったからでしょう。でも、そこにSEALDsが突然現れた。僕はその直前のインタビューで、「若い人の間から新しい政治運動が起きることはないでしょう」って予言したばかりだった。そういう動きが潜在的には始まっていたのに、僕は感知できなかった。もう少し長いタイムスパンで社会を観察していれば、予測できたはずなんですけどね。でも、そのときに集団全体としての知性の総量は変わらないという思いを深くしました。

茂木　僕は最近、とにかく自分が正しいと思うこと、いいと思うことは言い続けることが大事だなって思っています。たとえ僕の発言だという符牒は付いていなくても、巡り巡って社会のどこかでそれが生き続けて、それこそあるときSEALDsみたいな集団が出てくるかもしれない。

例えば総裁選で、安倍首相に対して野田聖子さんが対抗馬に出るかもしれないと言われていますよね。でも、長い目で見ると誰が首相になるかって、実はそんなに本質的なことじゃない。確かについそこに目を奪われちゃいますけど、本当はそこでは起こっていない何かが重要なんです。だから、やっぱり言論の自由はすごく大切で、正しいと思うことを表現しておかないと、それが実現する可能性自体がなくなってしまうんです。皆さんも表現しましょうね。どんなにささやかでも表現するべきだと思います。

聖地は絶対量で決まる

釈　ありがとうございます。もう時間も残り少なくなってきたので、少し皆さんからご質問を受けたいと思います。

巡礼部　先ほど聖地にはこの道場のような心地よい場所と、一方で人が住めないくらい邪悪な場所があるというお話の両方が出てきました。私はＮＰＯで公害地域の再生支援の仕事をしていて、そのお話で考えると、公害被害を受けた場所は聖地扱いを受けやすいというか、水俣などはとても邪悪な場所になってしまうわけです。邪悪な場所から逃げられなかったから被害を受けたということにもなるのかもしれませんが、でも、やっぱり今もそこに住み続ける人たちがいて、その人たちにとってみたら、そこが邪悪と言われるとちょっと耐えられないと思うんです。私自身はこの道場で合気道をしていますが、自分を浄化できるのでここは聖地だと感じています。でも、内田先生はこの聖地に住んでいるわけで……このあたり、ちょっと混乱しています。

内田　ここは「プチ聖地」だからね。

釈　邪悪な場所としての聖地もあれば、水俣のようにあまりの悲劇が聖地を生み出すこともありますよね。いかがでしょうか、内田先生。繰り返し訪れたいと思える心地よい聖地と、できるだけ遠ざけたい聖地の両方があると考えればよいでしょうか。

内田　聖地の発する力の絶対量が問題だと思うんです。発する力が穏やかな聖地は居心地がよい。エネルギーの絶対量が多いと、人間には耐えられない。だから、境界線を区切ってそこには敬して近づかないようにしている。

釈　あまりにもエネルギーが凝縮しているようなところだと住めないわけですね。

内田　ときどき近づいてみるくらいですね。強いエネルギーに触れると、心身が浄化されるから。自分の周りにこびりついた殻みたいなものが剥離して、生々しい、柔らかいものが露出してゆく経験を浄化と呼ぶのなら、力の絶対量の少ないプチ聖地、ミニ聖地、カジュアルな聖地は、浄化する機能があると思うんです。

聖性の本質は質じゃなくて、その人知を圧倒する力の量にあるんだと思います。ヒューマンスケールを圧倒するものをわれわれは「聖なるもの」とみなす。それは人間的尺度で測れるような善でもないし悪でもない。善悪不二のものです。

釈　茂木先生はいかがですか？　心地いい聖地と遠ざかりたい聖地は、エネルギー量が違うというイメージですか？

茂木　難しいですよね。これはちょっとお返事になるか分からないですけど、つらい目に遭った方々がそれでも生きるっていうその姿は、聖なるものだと思うんです。ものすごい悲劇が起こったとき、なぜかわれわれが逆にポジティブなものを感じることがある。それは、悲劇がわれわれに何かを思い起こさせるからなのかもしれません。

長い目で見ると、地球の歴史はスノーボールアースに三回なったといわれています。全球凍結でほとんど生物が絶滅して、カンブリア爆発はその後の急激な温暖化のときだとされていますが、生き物って結局はずっとそうやって続いてきた。人類の歴史は公害を引き起こしたり、原爆を落としたりしてきましたけど、生き物全体としては恐らくすごく強じんなんだと思います。

だから、生命の原点ってそういう悲劇の場所にあるかもしれない。チェルノブイリの事故後は森林が育って野生動物が戻ってきているといいますし、つまり、悲劇は人間という存在の浅はかさを感じさせてくれる。

内田　圧倒的なスケールで切迫してきて、人間の日常的な政治とか価値観とか度量衡が全部封鎖されてしまう経験はすごく貴重な経験ですからね。

釈　東日本大震災も、場所によっては聖地になり得ると。

内田　そういうふうに受け止めて、物語に変換していくっていうのが人間の中にある固有の傾向なんじゃないでしょうか。

音楽とは存在しないものの経験

巡礼部　私はふだんランニングをしているんですが、走り終わった後に音楽を聴くと、走る前後で聞こえ方が違う感じがします。走ったあとのほうがゆっくり聞こえる。それは走ることで五感が研ぎ澄まされたのかなと思ったりします。そうやって走って身体の感度を上げることとも、邪悪なものを感知することに関係すると考えていいのでしょうか?

内田　さっき君子の六芸の一番が礼と言いましたが、じつは二番が楽なんです。士大夫を養うには、まず鬼神に仕える方法を学び、次に音楽を聴く、音楽を奏でる術を学ぶ。音楽の経験は、まさに存在しないものの経験ですよね。メロディーもリズムも「もう聞こえなくなった音」がまだ聞こえて、「まだ聞こえない音」がもう聞こえる。つまり、過去と未来の両方に触手を伸ばして、初めて成立する。

　音楽というのは実体としては存在しないんです。今現在の空気の波動だけでは音楽は形成されない。音楽を聴くためには、「もう聞こえない音」と「まだ聞こえない音」という二種類の「存在しないもの」をありありと現前させることのできる力が要る。要するに、時間意識を過去未来にどれくらい延長できるかによって、人が享受できる音楽の味わいはまったく異なるものになるということです。だから、同じ交響楽を聴くにしても、それまでの全曲の総譜を想起し、これから続く楽音のすべてを予知できる人が味わっている今の音の深みや厚みは、同じ楽曲を聴いていても、数秒前までの音しか記憶できず、すぐ後の楽音しか予期できない人が聴いているものとはまったく別のものです。

音楽を聴く経験は時間意識の成熟を要求する。時間というのはここに現前しているものではない。「いま」と言った瞬間に、いまはもうない。

釈 時間って、点で把握できませんものね。

内田 過ぎ去っているにもかかわらず、その過ぎ去ったものがあたかも現前しているかのように切迫してくる。音楽は存在しないものを現前させる能力なしには聴けないし、演奏できない。だから「楽」が鬼神に仕える作法である「礼」と並んで、君子が開発するべき最優先的の能力としてリストアップされている。

存在しないものとどう関わるか。超越的なものをどう感じ取り、それにどう対処するのか。武道ではまず「調身調息調心」といいますけど、自分の身体を調えるとセンサーの感度が上がるんです。レーダーの感知できる範囲が空間的にも時間的にも延長される。それは聖なるものの切迫を遠くから、早くから予知できるということでもあるし、音楽が深く聴こえるということでもあるし、邪悪なものの接近に早くから準備できるということでもある。そういうふうに物理的に説明しちゃうといささか面白みはなくなるんですけれど、空間的な範囲、時間的な範囲は訓練によって伸縮するものなんです。

釈　茂木先生はいかがですか？

茂木　今質問された方、どなたでしたっけ？　強いて言うと、何パーセントくらい変化していると感じます？

巡礼部　走る前の音楽のスピードが一〇〇だとすると、八〇くらいですかね。

茂木　普通は時間知覚についての変化というのは非常に保守的なんです。つまり、よほど劇的なことがないと、脳はリミッターを外さないようになっている。よほどのことって、例えば事故でバイクから投げ出されたとか、そういうときに周りがスローモーションみたいに見えたって話があるでしょ。それくらいのことが起きないと時間知覚は変化しない。日常的に走るくらいだったら、リミッターは外れないはずなんです。だから何パーセントくらいですかってお聞きしたんです。うーん、八〇かぁ。

巡礼部　きょうは二時間走りました。

茂木 ああ、追い込んだんだね。リミッターが外れることは、いいことのようでちょっと危険なことでもあって、気を付けたほうがいいかな。意外と追い込むほうですか？

巡礼部 そうですね。

茂木 やるには強じんさというか、統合する方向の力も強くないと危ないですよ。そもそも脳がリミッターを掛けているのはそれなりに意味があって本来、追い詰められて命が危ないとき、例えば肉食獣に襲われたとか暴漢に襲われたようなときに外すものなんだよね。ただ、外すには脳的には当然コストもかかる。なので、ほどほどにしておく。

内田先生、武道家ってそういうことも意図的にできるようになるんですか？つまり、本当は生命の危険がないようなときでも、リミッターを外せたりできるんでしょうか。

内田 リミッターを外さなくてもよくなるんです。そういう状況に絶対立ち入らないようする。

茂木 なるほど。質問をしてくれた方は、追い込んでいつもより違う能力が出てくるのはすごく楽しいことなんだけど、はまり過ぎると、だんだん日常生活できなくなるので気を付けてくださいね。ふだんは何やっているんですか？

巡礼部　エンジニアです。

茂木　ああ。

釈　何なんですか、その「ああ」っていうの（笑）。

茂木　バランスが大事ですよ。彼女、います？

巡礼部　今いないです。

茂木　ああ、そうか。

釈　それも関わってくるんですか（笑）。

茂木　バランスです。リミッターが外れた経験をしているのはすごく大事なことだと思うんで、それを大事にしながらとりあえず彼女をつくるとかしてください。

釈　リミッターが外れた領域は、独特の魅力がある。だからこそ日常から足を離さない、というのはよく分かります。瞑想や座禅に凝り過ぎると、もう日常生活が送れなくなっちゃう。禅病などというんですけど。すべてがバーチャルに見えて現実感がなくなったり、自分自身の実感がなくなったりする。車の運転なんかできなくなる。

茂木 それはやばいですね。禅病っていうんですか。やっぱりバランスですね。

プライベートな聖地からパブリックな聖地へ

釈 それではほかの方、いかがですか。はい、どうぞ。

巡礼部 茂木先生に質問です。最初にパブリックな聖地とプライベートな聖地のお話がありましたけど、ある意味、パブリックな聖地というのはセンチメンタルでプライベートな聖地が、長い時間軸において何かとつながって普遍性にたどり着いたと考えてよいのでしょうか。そうであれば、そんなものはセンチメンタルに過ぎないと否定せずに、そこから普遍性への回路を見つけることに大きな可能性があるようにも思います。

茂木 そこが一番大きなテーマなんですよ。恐らくそれが芸術の起源ですよね。例えば、僕が最初にブルーマウンテンを飲んだときのことを語ると、芸術、より抽象化して普遍化したときに何か表れてくる形がある。それはひょっとしたらすべての人に届くことかもしれない。ケンブリッジの教授の椅子も、そのままでは芸術にはならないけれど、さっき内田先生もおっしゃったように、お父さんとの関係とか、何か普遍的な回路に結び付けると芸術になる。

結局、聖地って芸術とほぼイコールな感じがしています。世の中の多くの人が間違ったアプローチを取るのは、センチメンタルなところにとどまるからだろうなと思います。アインシュタインは、創造性の秘密は起源を隠すことだって言いましたが、それはすごく分かる。インスパイアされた、起源になるプライベートな経験はあるんだけど、むき出しのままではいけなくて、巧みに隠さなくちゃいけない。

フーディーニが脱出マジックを思い付いたのは、精神病棟で拘束衣を付けられた患者を見たときだそうです。でも、フーディーニの脱出マジックは、そんなこと知らなくても楽しめる。そういった類の普遍性へのジャンプが必要でしょう。

内田　創造性はプライベートな聖地のほうに隠されているのかもしれないと信じることが、そこに近づく最もよい方法でしょうね。

茂木　僕にはそれこそ芸術家の弟子がたくさんいるんですが、彼らの失敗の多くは、プライベートなところでとどまっちゃっていること。モナリザなんか、すごくうまく隠していますけれど、プライベートでおそらく何かあったんだと思うんです。でもその痕跡はまったくとどめていないし、ずっとみんな分からない。やっぱりそういうところまで辿り着いたものが優れた芸術になる。

釈　「聖地とアート」は、聖地をめぐるテーマとしてありますね。

内田　ありますね。どちらもヒューマンスケールを超える圧倒的なものを、何とか地上的な形象として確認したいということなんでしょうから。

釈　もうひとつ、われわれはあちこちの聖地に行っていて気が付いたことがあって。それは、あまりに強い聖地は、周りにものすごく卑俗なものを配置しないと、うまくバランス取れないということです。

内田　全部そうでしたね。これは大瀧詠一さんの名言なんですけど、「聖地はスラム化する」んです。聖地のパワーが強ければ強いほど、周りには卑俗なものが配列される。どうして聖地の周りにこんな下品なものが軒を連ねているんだろうと驚く。

釈　そうなんですよ。初めのうちは、われわれは怒っていたんですよね、卑俗なものを見るたびに。「せっかくの聖地が台なしじゃないか」と。でも、だんだん「あれ、これはもしかすると」と思い始めたんです。

内田　結局、ヒューマンスケールを超えるものに対しては世俗的なもの、過剰なほどに人間的なものをぶつけることによって中和する仕掛けだな、と。

茂木　お伊勢参りも昔からそうですものね。

釈　そうなんです。もっといろいろお話をしたいのですが、そろそろお時間がきたようです。茂木先生、本日はありがとうございました。

茂木　こちらこそありがとうございました。楽しかったです。

session 2

大阪の霊的復興

Part1

高島幸次

イントロダクション（釈徹宗）

皆さま、本日は聖地巡礼フェスティバルにご参加いただきありがとうございます。このフェスティバルは昨日から始まりまして、今日がセッション2とセッション3となります。セッション2には、歴史学者の高島幸次先生をお迎えしております。どうぞよろしくお願いいたします。

私は高島先生とは長いお付き合いをさせていただいておりますが、非常に博学な人です。大阪天満宮文化研究所にもおられますので、大阪の宗教性や神道についてのお話も伺えると思います。また高島先生は天満宮の敷地内にある寄席、天満天神繁昌亭の運営にも深く関わっておられますので、このあたりも聞いてみたいところです。何といいましても日本の神様は歌と踊りがたいへんお好きです。このあたり、芸能と宗教性がうまくつながるんじゃないかと楽しみにしております。
それでは高島先生、どうぞよろしくお願いいたします。

大阪の霊的復興

高島幸次

今日は編集部から「大阪の霊的復興」というお題をいただいております。変えてもいいですよと言われたんですが、私は生来のなまけ者で、このままいかせていただこうと思います。

いろいろお話ししたいことはあるんですが、ただ、このお題にこだわりますと、きっと東京からは大阪は宗教面だけでなく経済的にも劣化しているように見えているんだろうと勘繰りたくなります。だから復興という言葉が出るわけで。でも私、大阪が駄目だということについてはあまり実感がないのです。

確かに経済的な停滞はあるかも分かりませんが、それは大阪だけじゃなくて日本全国そうですよね。大阪はだいぶ前に人口が東京に次いで二位だったのが、今は神奈川に次いで三位になりました（※1）。その意味でランクを落としたかも分かりませんが、地域を考えるときに人口の数だけが善し悪しではないでしょうし、経済的にも、県別の国内総生産だと大阪は全国二位なんです。私はそこにこだわらないけれども、こだわったとしても二位なのに、どうして駄目って言われるんだろうという気持ちがすごく強いです。

※1 東京都：約1383万人、神奈川県：約916万人、大阪府：約882万人（平成27年国勢調査）

何度も都市格を変えてきた街

逆に、歴史をやっている立場で言いますと、私は都市の性格を「都市格」と呼んでいますが、都市格という言葉は二種類ありまして、昔、大阪ガス会長で大阪商工会議所会頭だった大西正文さんが「都市の品格」という意味で最初に使いました。でも私はそれとは別に「都市の性格」という意味で都市格と言っています。その性格のほうで言いますと、日本全国の中でこれほど多様に都市格を変えてきた町は、大阪以外には考えられない。例えば、古代に難波宮ができたときは政治都市ですよね。四天王寺ができると今度は門前町です。法隆寺よりも大きな宗教都市でした。そして堺湊ができると日本一の港湾都市になります。港湾都市ということは国際都市でもありますよね。さらに大阪城ができるとまた政治都市になって、その前には大阪本願寺の巨大な宗教都市、大阪ができている。江戸時代になると、皆さんもイメージがわきやすいと思うんですが、日本最大の商業都市であり、経済都市であり、歌舞伎や文楽などはある意味前衛芸能でしたから、前衛都市でもあったんです。また、懐徳堂や適塾を考えたら学問都市でもある。懐徳堂なんて、江戸の昌平坂学問所を超えていたといいます。そういうふうにどんどん変わっていって、明治維新のあとも東洋のマンチェスターと呼ばれるほどの工業都市になりました。

こうやって並べていくと、他にこんなに都市格を変えながら繁栄し続けた町はない。それなのに、どうして大阪は駄目だ、駄目だって言われるのか分からない。いまは次の都市格を模索中なんです。

もうひとつ駄目だと言いたくない理由は、駄目だと言うから都構想なんかが出てくるんですよ。住民投票で否決されましたけど、またやるようですね。私が気になるのは、「大阪都」になるわけじゃないのに、「都構想」という印象操作用語で報道していることなんです。ここにマスコミの方、いらっしゃらないですか？

すごく言葉の使い方が気になっています。

安保関連法案もそうですね。私、出だしがだいたい話がすごく逸れるんです（笑）。ちょっと我慢してくださいね。あれも福島瑞穂さんかな、「戦争法案」と呼んで批判されていました。それなら、「憲法改正」っていう表現はどうなんでしょうか。ある新聞記者に、「あんた、反対なら何で改正って使うの？」と言ったんです。改正は「正しく改める」って書くでしょ？　私に「憲法改正、どう思いますか」と聞くから「大賛成だ」って言いました。憲法を正しく改めるのに反対する必要はありません。もし反対するんだったら、まあ改悪とまでは言わなくても、「憲法改定」って言わなあかんのにって思うんです。

文化より政治経済優先の植え付け

話を元に戻します。どうして大阪が駄目と言われるのかというと、理由のもうひとつは、教師を長くやってきてすごく感じることがあるんです。小学校も中学校も、高校もそうなんですが、歴史の教科書って時代順にずっと書いているように思ってますよね。それ、大間違いなんです。どんな書き方かと言ったら、時代を区分して、平安時代だったら平安時代の政治経済の流れを一通りザッと書くんです。その後、平安時代の初めに戻って平安文化を書くんです。次に鎌倉時代になったら、やっぱり政治経済を書いた後に鎌倉の文化に戻るんです。そうやって記述が行き来する。これが何を意味しているかと言ったら、世の中は政治経済が優先で動くんですよってことですよ。文化なんてその後ろにくっついてくるってことを、われわれは無意識のうちに植え付けられている。

例えば、鎌倉新仏教って名前からして源頼朝が鎌倉幕府を開いて、そのあとに新しい宗教活動が生まれたように思うでしょ？　でも、法然が専修念仏を説くのは頼朝よりずっと前、臨済宗を開いた栄西が宋に渡って禅を学ぶのも頼朝より前です。実は文化が先にあって、そのあとで政治経済が追い付くような形も歴史上たくさんあるんです。でもわれわれは学校の教科書で錯覚させられてしまっている。ですので、経済がよくないってことだけで、大阪は駄目だとなりますけど、じつはそうじゃないってことを出だしにお話しさせていただきました。

聖地はどうやって生まれたか

さて、今から大阪の霊的復興というお題についてお話ししないといけませんが、歴史をやっている立場からは、聖地の発生について最初に少し触れておきたいと思います。

まず、聖地の発生といったときに、ふたつ考えられると思います。ひとつは、歴史的に聖地なるものがどのようにして発生したのか。もうひとつは、言葉の問題です。巡礼部の皆さんがやってることは、日本の文化から言うと聖地巡礼じゃなく「霊場巡礼」ではないのかということです。聖地って holy place の訳語で、日本の言葉になかったんです。そのへんのことをちょっとお話ししようと思ってます。

まず、歴史的な聖地の発生ですが、原始信仰の時代から考えてみましょう。現在のような神道が確立される前、つまり、仏教の影響を受ける前の純粋な形を学問的には原始神道・古神道と呼ぶんですが、そうすると、そのときすでに神道があるような感じがして私は嫌なので、原始信仰や原始宗教と呼びますけど、無土器文化から縄文文化くらいまでの日本人の心象を考えると、聖地はなかったというのが私の結論です。

なぜならば、当時の人々はこの宇宙、森羅万象すべてをひとつの空間として捉えていた。われわれは変な知識があるから、地上があって、宇宙があって、天体があってと思うけれど、要はひとつの世界なんです。そのひとつの世界の中に太陽や月が浮かび、山川もあれば、草木もあれば、神様もいれば、人間もいるってことなんです。

私、よく引く辞書があって『日葡辞書《にっぽじしょ》』といいます。これは一六〇三年に、日本でキリスト教を広めるためにやって来たポルトガル宣教師がつくった辞書で、いつも一冊手元に置いておいて、ことあるごとに引きます。「森羅万象」を引くと、「われらが主ゼウスは万物を創造なさった」と書いてある。やっぱり彼らはそういう捉え方ですよね。つまり、森羅万象は神様がつくったものなんです。

でも、日本人の「森羅万象」は絶対に違う。自分たちを取り巻く空間として存在していて、その中に神様もいるし、われわれもいるし、虫もいるし、動物もいるし、植物もいる。そうしたひとつの空間ですから、神という存在をあえて言うならば、「非人格的な神を非意識下に崇拝していた」はずなんです。無意識、有意識ではなくて非意識。それに包まれて生きているから、われわれみたいに仏壇の前に行ったときだけとか、神社に行ったときだけ拝むという発想ではなくて、意識するしない以前の存在としての神がいたと思います。

そうすると、ここが聖地だっていうようなことは絶対にない。ある意味、全体が聖地だし、どこも聖地でないという、そういう世界だったはずなんです。

だいぶ後になってからですが、同じようなことを言ったのが西行です。西行の有名な「なにごとの　おはしますかは　知らねども　かたじけなさに　涙こぼるる」という歌がありますね。これは神宮を詠んだ歌ですけど。そうだ、よく誤解する人がいますが、「神宮」ってお伊勢さんのことだって分かりますか。東京の明治神宮も京都の平安神宮も「神宮」じゃないんですよ。「神宮」といえば伊勢神宮のことで、「神宮」が正式な言い方なんです。伊勢をつけたのは、近鉄が観光のためにやったことかな、本当は神宮が正しいんです。

それと似たような言葉で「御所」ってありますね。御所っていうのも、東京に天皇が遷ってから京都御所と呼ぶようになりましたけど、江戸時代に御所といえば京都の御所をいいました。

そこで、さっきの西行の歌ですけど、これ、神宮に誰が祀られているか解らないけれどなんて意味じゃありませんよ。だって、西行ほどの人が、しかも彼は伊勢の二見浦に六年間暮らしていますから、ここに祀られているのは誰か解らないけれどなんて言うわけがない。

つまり、固有名詞を持った人格的な神ではなくて、彼の意識の中にはやっぱり非人格的な非意識の下の神がいて、それをありがたいと思っている。西行がこの歌を詠んだのは平安末期だったと思いますが、そこにある精神性は、明らかにそれより古い時代の日本人の宇宙に対する感覚に通底すると思います。

区切ることで生まれたウチ・ソト・ヨソ意識

ただし、そういう時代が長く続いてきたあと、人間が農耕を始めたことによってカミの意識が変わるんだろうと私は推測しています。この場合の神は、カタカナのカミをイメージしてください。何故かと言うと、農耕をすることによって森羅万象、ひとつの世界だった空間に人間が区画をつくるからなんです。農業は区画がないと駄目なんです。イノシシやシカから作物が襲われないように堀や柵をつくったり、ここは私たちのエリアだと区切らないといけない。

その空間をつくることによって、今まで一体化していた森羅万象の中に「ウチ」と「ソト」ができる。つまり自分たちの空間とそうではない別の空間ができることになる。そうやってウチとソトを分けるんですが、隣を見たら隣でも同じようにやっている。隣のウチは、こちらから見たら「ヨソ」になる。そんなふうにウチ・ソト・ヨソが、農業によって意識化されてきたんだろうと思うんです。

これは宗教を考えるときにすごく大切なことです。なぜなら、今までは意識しなくても常にカミの存在があったのに、自分たちの生活空間を区切ると、どうしてもウチにはカミの存在が薄くなる。だから、降臨あるいは来臨が起こる。つまり、来てもらわないと、今まで身体で感じていたものが感じられなくなる。そこで神籬《ひもろぎ》や磐座《いわくら》をつくって、ここに神様がいるという形をこしらえるわけです。

ただ、そうは言っても夜になるとウチとソトの境界はなくなります。かつて森羅万象にカミの存在を非意識下に感じていた空間が、夜になると自分たちの生活空間によみがえることになる。だって真っ暗闇になりますから。すると、そこで夜と昼を意識しないといけなくなる。夜は以前のままカミの領域、カミの時間帯ということとなる。一方、昼は人間の時間帯です。かつてはわれわれの時計時間とは違って、もっと大きな区分としてカミの夜と人間の昼があったわけです。

皆さんは、新しい一日は、いつから始まると思います？　時計時間だと夜中十二時からってなりますけど、実際そんなふうに感じる人って少ない。朝起きたらとか、明るくなったらその日が始まるとたいていは思いますよね。

でも、古代人は日が暮れてきたら一日が始まります。「夕べ、宵、夜中、暁、曙、朝」と区分して、夕べから一日が始まる。夕べから曙まではカミの時間です。そして、朝《あした》、つまり朝《あさ》ですね。朝になった段階で人間の時間になる。面白いのは、朝《あした》になったあとはどうなるかというと「朝、昼、夕べ」なんです。人間の時間ってすごく区分が大ざっぱでしょ？　神様のほうを重視しているからです。カミの時間については、さっき言ったように細かく区分するわけです。

この考え方は今でもお祭りなんかにはよく残っていますね。大阪天満宮の天神祭は毎年本宮が七月二十五日で二十四日が宵宮です。天満では〝よみや〟って言うことのほうが多いですが、祇園祭だと〝よいみや〟ですね。これを前夜祭、「イブ」と考えるのは間違いです。イブっていうのは前夜ですが、先ほど言いましたように、カミの時間は夕べから始まるから、宵宮はお祭り当日なんです。今のわれわれが言う「前日」からお祭りは始まっている。ちょっとややこしいですけどね。

そういえば天神祭で以前に面白いことがありました。二十五日が本宮で二十四日が宵宮ですけど、二十三日に京橋近くの大阪ビジネスパーク（OBP）で「天神祭前夜祭インOBP」というイベントをやっているんです。そうしたらある新聞記者が「先生、二十三日は前々日やからイブイブやないですか。それなのにどうして前夜祭と言うんですか？」って言うから、「神様の区分から言うと二十四日の夕方から一日が始まるから、二十三日は前夜なんです。だから、前夜祭って言い方はおかしくない」って答えたことがありました。

カミの降臨と仏教伝来

人間が自分たちの生活空間をつくり始めると、昼間のカミの存在が薄くなってきたので、降臨や来臨を行うようになりますが、それは後の仏教の受け入れに大きく関係したと思っています。

仏教は六世紀中頃くらいに伝来します。もしも、当時の日本人が非意識下のカミの存在しか感じていなかったら、あまりにも形態が違い過ぎますから仏教が入ってきても受け入れなかったでしょう。そんな人格的な固有名詞を持ったものが入ってきて、さあこれを拝みなさいって言われても、できなかったはずです。

ところが、先ほど言ったように、ウチ・ソト・ヨソという考え方ができたことによって、「ソトからカミを降臨させないかん」ということで具体的なイメージができてくる。そのときに、森羅万象にいるカミとは違う名前を付けないといけないから、その習慣が「何々に坐《いま》すカミ」っていうことになる。それに慣れてきたところに仏教の考え方が入ってきたから、受け入れやすかったんです。

仏教がやって来たことで、神様と仏様がお互いにものすごく影響し合います。今までは、この岩に降臨しているとした神様に対して、仏教の知識が入ってきたもんですから、神像をつくったり、あるいは寺院の影響を受けて社殿をつくります。神道というのは明らかに仏教の影響を受けているんです。

ちょっとこれも話が逸れますけど、意外に誰も言わないことがあって、私が今、天満宮にいる関係ですごく気になっているのは、菅原道真は実在の人物なのに神になりますよね？　あの発想は菅原道真が日本で最初なんです。日本で初めて実在の人間が神になったわけですが、あの発想は明らかに仏教の影響だと思いませんか？

つまり、仏教が入ってきたときに、お釈迦さんが修行の結果、悟りを開いて仏になったことを日本人が初めて聞いて、まさに驚天動地だったと思いますよ。だって、それまではアプリオリに存在する、非意識下のカミしか知らなかったのに、人間ががんばって仏になったというわけですから。この発想に影響を受けて、道真は神として祀られることになった。だから、そういう意味では仏教の伝来や、その後の平安期の天神の成立というのは、ものすごくタイミングがよくて、時代の中にそれこそ見えない神の手が宿っていたような気がします。

日本に聖地という言葉はなかった

つぎに、聖地という言葉についても少しお話させてください。私、どうしても文献史学の人間なので言葉にこだわってしまうんです。先ほど言った『日葡辞書』を引いたら、面白いことに「聖地」という言葉は載っていません。似た言葉としては霊地、霊場というのが出てきます。聖が付くのは何だろうと探したら聖智、聖君、聖人、聖賢、聖王、聖跡。つまりすべて、人なんです。聖跡って、皆さんは聖なる場所だと思うかもしれませんが、辞書では聖人の書いた手紙などを聖跡と解説しています。

人間に関わるものは聖を使いますが、聖なる場所については霊を使っています。霊地、霊場。ですから、霊地巡礼や霊場巡礼という言葉がありますけど、この段階ではまだ聖地という言葉は生まれていません。日本語になかった。こんなことを強調したら、なんか内田先生と釈先生の巡礼を批判しているみたいに聞こえますが、あとでちゃんとフォローしますから。

まあ、言葉にこだわると、そんなことが言えるわけですが、その後日本では霊場巡りが発達します。四国八十八カ所、西国三十三カ所、これらはみんな霊場巡りです。

ちょっとややこしいのは、霊場巡りは平安時代に始まったという人たちもいますけど、私は違うと思います。巡礼という形で農業民が何日も畑や田んぼから離れて回ることが本当にできたんだろうかと考えると難しいと思います。実際に定着するのはやはり江戸時代、とくに寛文延宝期になってからですよね。寛文元年が一六六一年、つまり、江戸時代が始まって半世紀くらいたってから。

私は、寛文延宝期から江戸時代が始まると考えています。つまり、一六〇三年に江戸幕府が開かれたわけですけど、あれは家康の政権が開かれただけなんです。というのは、内田先生も一六〇〇年から六〇年ほどの間、文学的な目立った作品が何もないと『聖地巡礼ビギニング』で書かれていますけど、あれは歴史をやっている人間からすればすごく興味深い話なんです。

こんなふうに考えてください。戦国時代に信長が政権を取りました。でも、あっという間に本能寺で倒れました。その後、秀吉が政権を取ったけど、やっぱり息子の代で駄目になった。その後に家康が幕府を開いたからといって誰が続くと信じますか？　われわれは現在から振り返って、江戸幕府は二六四年続いたと知っていますけど、当時の人は誰もそんなに続くなんて思っていない。信長倒れた、秀吉倒れた、今度の家康はいつ倒れるんだろうって思っているわけです。それが、どうも今度は続きそうだぞと考え出したのが寛文延宝期。一六六一年から一六八一年の間です。だからそれまで文学的に何も生まれなかったというのは、理屈としてもものすごく興味深いんです。そんなこともあって、その時期から霊場巡りが流行り始めたというわけです。

それで今日の話に近づけないといけないので、いきなり時代が飛びますけど、二〇〇七年から二〇一〇年にかけてスピリチュアルブームというのがありました。それに続くような形でパワースポットブームというのもありました。そのブームの中で、聖地が非宗教化してくる。宗教学では「聖地の私事化」と言いますが、その典型がアニメの聖地です。

私、西宮の短大に勤めていましたが、同じ学校法人の中学高校が涼宮ハルヒの聖地だったので、そのときは山ほどいろんな人たちが押し寄せてきました。ネットで調べると、そこが全国の聖地ベストテンなんて出てるわけです。

そのように霊場巡りが変わっていくわけですが、私はそれを霊場の時代からパワースポットの時代への変化だと考えています。このあたりについてはまだキチンと分析できていないんで、あとで鼎談のときにいろいろ教えていただきたいと思うんですが、最近になっても聖地という言葉の面白い使われ方を新聞で見てびっくりしました。大阪駅を出て地下に入っていくところに「松葉屋」という串カツの店があったんですが、つい先日、閉店したんですね。それについて書いている記事の見出しがすごいんです。「串カツの聖地・松葉屋崩壊」ってあるんです。「これも聖地なの？」っていう感じですよね。

大阪の聖地と八十島祭

最後に今日のお題である大阪の霊的復興の話をします。私は大阪の聖地というものを考えたとき、すごく気になっている場所があります。それは、渡辺津であり、八軒家であり、天満橋なんです。

内田先生と釈先生は『聖地巡礼ビギニング』で渡辺津から上町台地を四天王寺まで歩かれましたよね。二冊目の『聖地巡礼ライジング』では滝尻王子から熊野古道を歩きましたけど、本来は渡辺津が熊野への出発点なんです。さらに言えば、渡辺津はもっと古い時代には八十島祭が行われた場所なんです。

八十島祭は、平安から鎌倉期まで、八五〇年から一二二四年の間に二二回行われたという記録が残っています。文献史学の立場から言うと、一二二四年が最後だというのは間違いない。それ以降に祭りが行われていたら、きっと何かの形で記録に残るはずですから。ところが、最初の八五〇年というのは、残されている一番古い記録がそうなっているだけで、おそらくそれ以前からあったと考えたほうがいいでしょう。

具体的にどんな祭りかというと、典侍と書いてナイシノスケと読むんですが、これは宮中にいる天皇の女官です。御衣と書いてオンゾと読みますが、典侍が天皇から御衣を預かって箱に入れ、京都から典侍が難波の津までやってくる。そして「熊河尻」という場所で御衣を入れた箱のふたを開けて風を通す祭りです。

「熊河尻」という場所ははっきりと特定できませんが、上町台地の先端部分のようです。かつて難波宮のあったところのちょっと北側です。そこで海の風を天皇の衣にしみこませて持ち帰ることで、この国を治める権威を得られるという呪術的な儀式です。

面白いのは、熊河尻の「熊」も、お二人が行かれた熊野の「熊」も実は同じで、何かが「宿る」という意味なんです。そういう場所で、長いこと日本の国を支配する権威を天皇が得る儀式がとり行われていた。

でも、その祭りが鎌倉期に入るとなくなります。理由は武士政権に権力を奪われた天皇が国を治められなくなり、もうやる意味がなくなったからでしょうか。どの天皇からなくなったかというと四条天皇からです。この天皇は完全な傀儡《かいらい》で、即位したときの年齢が、なんと二歳です。二歳の天皇が、自分の衣を預けて儀式をするわけがないんです。

渡辺津は、いまで言うと京阪電車の天満橋駅付近で、あそこから南に歩いていくのが熊野詣の始まりです。京都の天皇は渡辺津まで船で来ますが、そこまでは熊野詣じゃありません。四国八十八カ所や西国三十三カ所もみんなそうですけど、家を出たときはまだ巡礼ではない。どこからかは決まっているんです。よく学生に説明するんですが、例えば東京に旅行する場合、家から地下鉄に乗って新大阪駅まで出る。そして新大阪から新幹線に乗ったらそこから旅行です。それまでは毎日の生活空間だから旅行じゃないんです。それと一緒で、渡辺津まで来るのは熊野詣ではない。

渡辺津は熊野詣の出発点であり、帰ってきたときの終着点でもあります。面白いのは、江戸時代の京都と大阪を結ぶ三十石船は、京都の伏見を出て向かう先が渡辺津でした。当時は八軒家という名前で、京都からの終着点であり、京都への出発点なんです。じゃあ、三十石船がなくなったらどうなったかっていうと、ちゃんと明治の末に京阪電車が京都の五条駅と大阪の天満橋の間で開通しています。現代の人が聞いたら、大阪と京都を結ぶんやったら、なんで淀屋橋か梅田じゃないのって思うかもしれません。でも違うんです。伝統的に出発点であり終着点となるのは八軒家なんです。だから、あそこに天満橋駅をつくった。つくったけれども、その後もっと延ばしましょうというので淀屋橋に延びました。その段階で、天満橋は単なる通過点になりましたけど、ちゃんと二〇〇八年に、そこから中之島新線が開通し、再び出発・終着点になった。

これを地霊の働きと言っていいのか分かりませんが、大阪にはそういう何か不思議なことがありますね。そろそろ時間がきたようです。このあたりで私の話は終わります。どうもありがとうございました。

session 2

大阪の霊的復興

Part2

高島幸次

＋

内田　樹

＋

釈　徹宗

大阪の宗教性はなぜ失われたのか

釈　それでは、高島先生のお話を受けつつ鼎談に移りたいと思います。今回のお題となった「大阪の霊的復興」ですが、われわれ、この聖地巡礼シリーズで最初に大阪を歩きました。その後、ほかの聖地を歩くにつれて、大阪の宗教的な劣化が一番ひどいんじゃないかと話し合ったことがあります。やはり、大空襲でいったん壊滅したでしょう。そしてその後短期間でまた都市化したものですから、土地の語りに耳を澄まし、足の裏に霊的なものを感じるための文脈が断片的になっている。

高島先生のお話にあったように、かつては一大宗教都市であった。私自身は、今も大阪の宗教的ポテンシャルは大したものがあることを実感として持っています。僕は子どものときから船場の人たちに関わってきて、どれほど大阪人が信仰深いかもよく知っています。ただ、それが今の街の光景にあまり表現されていない。先ほどのお話のように、大阪は都市としての性格を何度も変えてきました。

そうしたことも含め、大阪の宗教性についてもう一度語り合ってみましょう。

高島　今回、お二人の『聖地巡礼ビギニング』と『聖地巡礼ライジング』の二冊を読ませていただきましたが、二冊目の熊野古道ではむちゃくちゃハイテンションになって、霊的なものを受け取っていましたよね。それなのに一冊目の大阪では、熊野詣での出発点である渡辺津、あそこは九十九王子の最初でもあるんですが、そこから歩き出されているのに、熊野街道の霊性については見事にお二人とも触れておられない。「やっぱりここは違いますね」とはおっしゃっていないんです。なぜかと言うと、それは都市化だけではなくて、地形の変化も理由としてあると思います。平安期に熊野街道を歩いた白河上皇たちが上町台地を真っすぐ南下するとき、絶えず右側に海がありました。今でも夕陽丘という地名がありますが、人々はその自然の移り変わりを、しかもかつては八十島の祭りでこの国を支配する権限を受けた大海原が広がっているのをずっと見ていたはずです。でも今の上町台地、見事に駄目ですからね。どんどん海辺が遠ざかり地形が陸地化していったことも大阪の霊性の劣化に関係していると思います。

釈　大阪歩くと、あまりにもノイズが多くて、よほどアンテナを研ぎ澄まさないとピンとこない。もちろん鋭敏にすればビビビッとくるところもあるんですが。とにかく、堀を埋めて駐車場にしたり、次々に水にふたをしていきましたからね。それがやっぱり、大阪が本来持っているはずの霊的な部分を窒息気味にしている気がします。

内田　僕は八十島祭というのは初めて聞いたんですけども、大阪は本来、海からの水エネルギーをものすごくうまく取り込み、それによって賦活された都市だと思うんです。もともと海に突き出していた上町台地という突出した土地の東西を埋め立てて町ができる。今の松屋町筋が海岸線だったわけですから、台地の西側はもうすぐに瀬戸内海が広がっていた。大阪は海から流れ込んでくる水と風のエネルギーを取り込むことによって、都市としての生命力を賦活してきたんです。ですから、埋め立てて海を遠ざけ、さらに川を埋めたことで都市としては霊的に死んだということになると僕は思います。

高島　八十島祭でいいますと、内田先生がご興味を持っていただけそうな話があります。八十島で祀られていたのは生島、足島という神様で、それをいまは生國《いくくに》魂《たま》神社が祀っています。生國魂神社では大阪薪能が行われていますが、歴史学者の脇田晴子先生が、祭祀に詳しい岡田精司先生に八十島祭のことをいろいろ聞いて、二〇〇六年の大阪薪能五〇周年記念に『生國魂《いくたま》』というお能を創作されたんです。二〇一六年の六〇周年にも『生國魂』が上演されました。箱を開いて御衣が風を受けてる場面も出てきました。

内田　八十島って実際に島が八〇くらいあったという意味なんですか？

高島　これは多いっていうだけの話です。

内田　今は全部その島を埋め立てて土地にしちゃったんですか？

高島　いや、埋め立ててというよりも自然に陸地化していったんですね。

釈　だから堂島とか福島とか姫島とか、名前だけが残っている。

高島　そうです。あの名前、みんなそうなんです。

内田　あれは全部昔の島なんですか……。

高島　堂島なんて、島でなくなったのは明治の終わり頃ですよ。

釈　堂島はけっこう最後まで島として残ってました。

高島　堂島の北側に蜆《しじみ》川という川が流れていました。その両側には料亭がたくさんあって、江戸時代は料亭からいきなり船に乗って大川へ出て遊ぶなんてこともやっていたようですね。堂島は明治になって大火事が起こって、がれきで蜆川を埋めて島ではなくなりましたけど。

内田　八百八橋っていうのと八十島っていうのはじゃあ同じ意味なんですね。橋と橋の間は全部島だった、と。

釈　川もたくさんありました。

内田　川というより海ですよね。海とダイレクトにつながってるんだから。

釈　河口の堆積地ですから。

高島　川は海だったというので思い出しました。大阪では、川岸のことを浜と呼ぶんです。だから、北浜や中津浜・若松浜と言う。「○○浜」って大阪市内に山ほどあるんです。それは最終的には川岸なんですけども、なんで浜って付くのかといえば、もともとは海が埋まってきて川化したから。

内田　大阪はすべて島だった、と。

高島　日本列島を大八島とも言いますよね。八十島祭はその大八島を治める権限を得るための呪術ですから、八十島の「八」も関わっているんだろうと思います。

釈　上町台地の土地神は坐摩ですけども、生島と足島は日本列島全体の土地神なので、天皇は即位したらごあいさつに行かないといけないんです。

人類は海とともに進化してきた

内田　天皇が海からエネルギーを得るっていう話はすごく興味深いです。僕の「源平仮説」によると、古代に自然のエネルギーを受け入れて、それを人間にとって有用なものに変換する技術を持った職能民がいた。それが海部《あまべ》と馬飼部《うまかいべ》なんです。海部というのは風と水のエネルギー、すなわち操船技術を以て天皇に仕えた。馬飼部は野生獣を牧畜し、制御する技術を以て天皇に仕えた。この二つのエネルギー制御技術に長けた職能民が天皇と自然を媒介し、のちにそれが源平になったんだというのが僕の源平仮説なんです。

平氏は瀬戸内海の海民たちを支配して、伊勢を拠点にして宮中に入ってきますけれど、操船技術を持つ職能民の末裔です。平清盛は福原に遷都しますけれど、あれは単に日宋貿易を独占して、金儲けをしようとしていたわけではなく、福原を拠点にして東シナ海一帯に広がる巨大な海上帝国を構築しようとしていたんです。源氏は野生獣を操る技術を持った職能民の末裔です。源平のヘゲモニー闘争は最終的にこの坂東武者たちが勝利した。ですから、平安時代末期に海民である平氏が敗れ、山人である源氏が政治的支配者になり、日本列島のエネルギー戦略が大転換する。政体だけではなくて、宗教や芸能までがこのエネルギー戦略の転換の影響を受けて、根源的な変容を蒙る。そうやって一二世紀末に巨大な文明史的転換があった……というのが、鈴木大拙の『日本的霊性』仮説を私が勝手に敷衍しているところの一二世紀革命説なんです。

高島　現代のわれわれは地球上の生命はみんな海からやって来たということを知っているわけですよね。昔の人たちは当然そんなこと知らないけど、大海原から国を治める力を得たというのは、海にそういう何かを感じとっていたんでしょうか。

内田　「アクア仮説」っていうのがあるんですよ。何でわれわれ人間はこんな形をしているのかっていうと、それは海岸に暮らしていたからだという。直立歩行というのは身体運用上あまり利点がないんですけれど、確実な利点がひとつだけある。それは水中で作業するとき、長時間、海岸から離れたところまで行けるからなんです。水辺で暮らしていて、魚を捕ったり貝を採ったりしているときは、どう考えてみても四足歩行よりも直立歩行のほうが生存戦略上有利でしょう。しかも水中だと浮力があるので直立歩行がもたらす腰痛を回避することができる。人間の体毛の生え方には全部方向性があって、水中を泳ぎやすいようになっているんだそうです。アザラシなんかの体毛の方向と同じだって。

釈　水辺で暮らして、水に身体が浸っていたので、海獣のように皮膚もつやつやになったなどという説ですね。

高島　直立するようになったから、人間の腰は痛くなった。そういえば、うちの九〇歳の母親は腰が痛いと言いながら、近所のプールに行ったらスイスイ歩いています。

内田　人類は最初はサバンナにいたわけですけど、その中に海の近くだと直立歩行で魚とか貝とか捕れていいじゃん、腰痛にもならないから、ここに暮らそうぜとなった集団がいた。おばさんたちがプールを歩いているのって、そういう人類発祥のドラマを再現しているんです。

高島　きょう帰ったら母親に言います（笑）。

〝流れ〟をいかに滞らせないか

釈　どうも聖地にしても宗教性にしても、ある種の〝流れ〟があって、それを滞らせないことがテーマのひとつにあるのかなと思います。先ほどおっしゃったように、われわれが海から発生したことを科学知識として知らなくても、その流れみたいなものを分かる人は世の中にいる。古代人も分かっていたのかもしれません。

一昨日、作家で福島のお寺の住職をされている玄侑宗久先生と一緒だったんですけども、今お寺の建て替えをしてるそうです。それで、仲のいい庭師が、「この木はみんな窒息しそうになってる」と言うんですって。古いお寺で二〇〇本以上もソメイヨシノがあるそうですが、確かにどんどん駄目になっている。その庭師さんが「ところどころ土手をコンクリートで固めたりとか、U字溝を入れたりしているので息ができなくなっている」と言うので、指導してもらってコンクリートをはがしたり、土の溝を掘ったりしたら、なんと翌日から新芽が吹いたそうです。まさか一日でそんなことが……と、本当にびっくりしたそうです。

昨日の茂木先生とのセッションでも出ましたが、身体内の聖地というものもあると思うんです。そして、道教や禅では、いかに意識を滞らせないか、を説きます。意識を固定させないで流し続ける。開天門といって頭の上から抜けさせたり、足の裏まで意識を下ろして抜けさせる。聖地もそれと同じで、滞らせないための装置としての役割を持っている気がします。

高島　じつは八十島祭についての私の説がありまして。さっきも申しあげたように、八十島祭の記録は八五〇年が一番古いんですけど、それ以前からあったはずなんです。というのは、奈良時代の天皇が八十島祭をやったとはどこにも書いていませんが、即位した後、かつての難波宮に何回も来ているんです。絶対に八十島祭をしに来たと思うんです。

釈　なるほど。

高島　平安時代の天皇は京都に行ってしまいますから、天皇自身が来るのではなく、典侍に「風を通して命を賜ってきてくれ」と自分の衣を渡す。それで、「熊河尻」で箱を開けて風を入れる。

でも、考えてみたら、難波宮にいたときは、「熊河尻」という場所はまさに目の前ですよね。典侍に行かせなくても、天皇自身が行ったはずです。そうすると、天皇自身が命を賜るため移動して、わざわざ衣を箱に入れなくても岬の先端に立つはずです。

釈　御衣を自分で着て、立てばいいんですよね。

高島　そう。着た着物を開くでしょ。それって映画『タイタニック』の舳先で両手を広げるシーンと一緒なんです。ケイト・ウィンスレットも風を受けていますよね。実は『タイタニック』は八十島祭の映画なんです。

釈　そんなわけないでしょ（笑）。

高島　私は八五〇年以前に、つまり難波宮のときに、もう既に八十島祭は行なわれていたと思っています。本人が行ったんだから、箱なんかに入れず自分で着物を開いて風を受けたのでしょう。先ほど話した脇田先生が八十島祭のお能を復活したのを拝見したら、やっぱり御衣を箱に入れたままなんです。それで言うたんですよ。衣を箱から出してバーッと振ってくださいって。そしたらお能らしくないって言われました。

内田　難波宮ってまさに上町台地の北端にあったわけですよね。だから、難波宮にいるということは、それ自体で岬の先端に立っていることになる。

高島　だから、きっとその場所を選んだのも意味があるんですよ。つまり大海原から特別な命を賜る場所だった。

内田　中沢新一さんのいうところの「岬」ですね。中沢説によると、現世と異界のインターフェースが「岬」とか「堺」とか「坂」とか呼ばれる場所なんだそうです。だから上町台地の北端の岬にかつて難波宮があり、のちに石山本願寺があり、のちに大阪城があるのは当然なんです。

高島　みんなあそこを狙う。生國魂神社も今は天王寺区にありますけども、もとは大阪城の場所にありました。移されるんです、残念なことに。

釈　移しちゃった人って、誰か分かりますか？　そういうことする人。

内田　豊臣秀吉？

釈　そうです。

高島　この間、生國魂神社の中山宮司と話をしてたら、「先生、大阪城のあの場所はみんなうちのもんです。今貸してるだけですねん。いずれ返してもらいますわ」って言ってました（笑）。やはり神職にしてみたら、あの場所っていまだに何か感じるものがあるみたいです。

ウチ・ソト・ヨソと日本的宗教性

釈　今日、高島先生のお話にあったウチ・ソト・ヨソですが、とても面白いと思いました。内田先生、いかがでしょう？

内田　農耕が基本的に「区切る」ものだというのは本当にそうだと思います。前にも話したことですけども、西部劇の『シェーン』という映画は牧畜民と農耕民たちの戦いのドラマなんです。流れ者のガンマン、シェーンが、アイルランド開拓移民たちの小さな集落にたどり着いて、そこで農地を耕している家族のお世話になる。ところが前からそこで牧畜をやっていた牧場主ライカー一家がやってきて農地を踏み荒らしていく。映画をシェーンの側から見ていると、カウボーイたちはただ暴力的な嫌がらせをしているようにしか見えないんだけれど、これは牧畜民が怒るのにも一理あるんです。それまでそこには何の区切りもない、パブリックスペースだったのに、農耕民たちはホームステッド法で無償で土地を手に入れて、「こっちには入って来るな」って言い出したんです。カウボーイたちにとって自由に行き来できるものだったのに、農民たちは土地の私有を宣言して、立ち入りを拒む。これは利害の対立というよりもコスモロジーの対立を描いた物語だったんです。

農家に居候することになったシェーンが、農夫の買い出しについてゆくんですけれど、そこで最初に買うのが有刺鉄線なんです。そして、シェーンの最初の仕事は有刺鉄線を張りめぐらして、土地の立ち入りを拒否することなんです。シェーンに対してカウボーイたちが「お前はそれでもガンマンか」と罵る場面があるんです。僕は子どもの頃は、その台詞をただ「農夫の真似ごとなんかして、かっこわるいぜ」というふうに言っているのだと思っていましたけれど、よく考えると違うんです。「土地は誰にも私有されないで、自由に行き来できる」という考えをする人々と「土地は私有されて、他者の出入りを拒むことができる」という考えをする人々は相容れない。流れ者であるシェーンはカウボーイと同じ種族のはずなのに、帰属変更をした。それを「裏切り」だとみなされたわけです。この対立が最終的には凄惨な殺し合いにまでエスカレートしていく。映画は農民側の視点で作られているので、カウボーイたちはただの悪者として描かれていますけれど、北米大陸の豊かな自然の中で自由に放牧をしていた遊牧民たちにとっては、土地をちまちまと区切って境界線を言い立てる農耕民は不倶戴天の敵だった。

シリアやイラクといった中近東の国々は国境線が直線ですよね。１９１６年のサイクス＝ピコ協定でイギリスとフランスとロシアが無理矢理土地に境界線を引いた。遊牧民たちはウチとソトの空間的な区別はしません。砂漠や草原に区切りなんかつけようがないから。でも、そこに国民国家の国境線を引いた人たちがいる。遊牧民はそれに我慢がならない。遊牧民と定住農耕民のコスモロジカルな対立がそうやっていまも再演されている。僕にはそういうふうに見えるんです。『シェーン』におけるカウボーイたちと農民たちとの殺し合いと同型的な対立が中近東でも展開している気がします。ウチとソトを厳密に切り分ける宗教性と、ウチとソトを空間的につくりたがらない遊牧的な宗教性との間には、何か違いがあるような気がしますね。

釈　ええ、それはありますね。

内田　何となく思うんですけれど、ウチとソトを空間的に切り分ける集団の方が宗教性が弱くなるというか、穏やかになるような気がしますね。神様が来臨したり、権現したりするにしても、なにか把持可能な形象になってやって来る。それに対して、遊牧民の神はダイレクトにやって来る。雲の柱であったり、雷鳴であったり、燃える柴であったり、非言語的で直接的なかたちをとって超越者が切迫してくる。それが遊牧民的な信仰なんだと思います。農民的な信仰では、ちゃんと定まった「聖なる場所」があって、そこに拝殿を建てたり、行って拝んだりできる。それに対して遊牧民的な超越者は、どこに現れるか、どういうかたちで現れるか、どういう人間的な意味があるのか、ぜんぜんわからない。この制御不能な神と制御可能な神の違いは、ウチとソトの区分け方の違いと等起源のもののような気がしますね。

高島　とくに日本の場合は基本的にウチがたくさんできて、ウチだらけになる。そうするとヨソというものを意識せざるを得なくなります。ひとつポツンとウチがあるだけなら、ウチとソトという考え方で、ソトからカミを来臨させればいい。でもヨソができると、よそ様もカミを来臨させます。そうなると、もともと森羅万象にいる非意識下のカミは固有名詞を持っていませんが、来臨させたことで「何々に坐すカミ」という名前を付ける必要が生まれる。人々が全く別々の生活をしていたら関係ないのですが、だんだん交流が始まるとウチの神とヨソの神の扱いをどうするかが大きな問題になってくる。

これを民俗学者の柳田国男は「信心」と「敬神」という言葉で表しています。『日本の祭』という本に書いていますが、ウチの神を祀るのは「いつきまつる」といって信心なんです。ヨソの神を祀るのは「いわいまつる」で、これは敬神。つまり、交流が始まった人間がヨソに行き始めたときに、ヨソも神を祀っている。それを否定すると、自分たちの神も否定されるから、お互いに認め合わないかんと考えた。このあたりが中近東との決定的な違いだと思うんです。そうした日本人の宗教的な寛容さはその後もずっと続いて、キリスト教がヨーロッパから来たって、それも認めましょうってことになるんですよ。

神様が共生する日本列島

釈　コミュニティの規模の問題もあるような気がします。狩猟採集で移動しているコミュニティだと、そんなに大きな集団にはなれないので、シャーマンを中心とした宗教の形ができる。ただ、ある程度の規模になると、どうしてもウチとソトという境界線や大きな宗教システムが必要になってくる。ウチの閉じたシステムとソトに向けて開いている扉の部分と、そこを出入りするカミというような図式となっていく。

高島　江戸時代に大阪のような巨大都市ができて何が起きたかといえば、中之島周辺にたくさんの蔵屋敷ができたんです。藩によっては大阪の神さんをそこに勧請して祀っているところもあれば、本藩からわざわざ勧請して祀ったところもあります。例えば安芸広島藩は、宮島の厳島神社を蔵屋敷の中の池に再現していました。

内田　レプリカをつくったんですか？

高島　ええ。これって、さっきの信心と敬神の違いです。だから、蔵屋敷の武士たちは、大阪の神様をいい加減にするんではなくて、ちゃんと敬神するけども、やっぱり心のどこかでは地元の神様を連れてきたいとも思っている。それが「いつきまつる」、信心なんです。偶然ですが、安芸の宮島の厳島という名前は「いつきまつる」から来ているんです。やっぱり広島藩は、絶対にあの神様を勧請しないと気が済まなかったんでしょう。

釈　そもそも「勧請」という形態自体がとてもユニークですよね。

内田　「勧請」って英語が存在するかな。ないんじゃないかな。

釈　そうでしょうね。神を呼んだり、分けたりするんですから。

高島　昔、関西国際空港ができたとき、大阪府が直行便の就航する都市に大阪の文化を持っていこうと企画して、オーストラリアのブリスベンで天神祭を開いたことがあるんです。その際、向こうの市役所でちゃんと神職が勧請したんです。だから、天神さん、大阪天満宮から飛んでいきはった。

内田　ブリスベンに天神さんがあるんですか？

高島　いいえ、市役所の一室に勧請しました。蔵屋敷に勧請する話をしましたけど、他にもウチの神とヨソの神で面白い話があるんです。大阪の旧暦六月はあちこちで夏祭りやってますよね。自分の氏神さんのお祭りに参加するのは当然ですが、天神祭くらいになると、たとえば離れた船場の人たちも山ほど来ます。でも、これって神様の浮気じゃないのって思いません？　よその神様のお祭りに行っていいのかという信心と敬神の問題です。

ところが、ちゃんとその問題をクリアするための方法があるんです。それが「もらい祭」。これは、たとえば自分の氏神さんじゃない天神様のお祭りがにぎやかで楽しそうだからって行った場合、浮気したことになります。だから帰ってくるときは、家に直行しないで地元の氏神さんにお参りしてから帰る。すると、その人数もそこそこいるから、氏神さんにもお祭りの日じゃないのに夜店が出る。そんなふうに、ヨソのお祭りとウチのお祭りを上手につないでいる。

内田　なるほど。神様たちが共生するための工夫があるわけか。排他的にならないようにしているんですね。

釈　地勢から考えて、大陸系、半島系、ポリネシア系など、日本の神様のルーツを言えば、さまざまなものが混入しているのは明らかですから。

内田　いろいろ多起源的な神様が混入して、それぞれニッチが違うところで共生しているわけですね。神様たちを共生させるために、これまで日本列島民はずいぶん工夫を凝らしてきたんですね。

高島　ある外国人の宗教関係の方に天神祭の説明をしたことがあります。鳳神輿や玉神輿を見て、「これは何を祀っているんですか？」と尋ねるので、「これは野《の》見宿禰《みのすくね》です」、「あれは手力雄命《たぢからおのみこと》です」って説明しました。そしたら、今日の天神祭というのは幾つのお祭りが合同しているんですかって聞くんです。「いえ、合同じゃなくて、これでひとつです」と答えているうちに、また次の神輿がやってくる。そうしたら、「この神様たちはけんかしないのか」って聞かれてすごく返事に困ったことがありました。

釈　いったいどの神様の祭りをやっとんねん、って思うんでしょうね。

内田　この間、僕と釈先生のところにスイス人が取材に来たんです。日本人の宗教性についてのインタビューだったんです。ふたりでいろいろ話したんですけれど、「神仏習合」が説明できなくて、これは弱った。

高島　なるほど。

内田　ヨーロッパにも習合的なものはあるんですよ。もともと伝統的な土着宗教があったところに後からキリスト教が入ってきて、古い祭りがキリスト教的な粉飾をされたり、土着の神様たちを聖人としてキリスト教の神統の体系の中に組込んだりしたことはあるんです。でも、神と仏というのはまるで別ものじゃないですか。それをえいやっとばかり二種類の超越性があるけれど、これは同一の神性の裏表であって、神といい仏といい「水波の隔て」に過ぎないという話になっている。これはヨーロッパの人には理解しにくかったみたいです。さっき「勧請」という概念が英語にあるだろうかという話をしましたけれど、「権現」という概念も訳しにくそうですよね。仏と神がテンポラリーに入れ替わりながら、その場に顕現してくるって。

前に羽黒山伏の宿坊に泊めていただいたときに、朝のおつとめに出たら、お堂には鏡が飾ってあって、それがご神体なんです。でも、鏡の後ろには仏壇があって、扉を開くとご本尊の不動明王が安置してある。手前にご神体、奥にご本尊、それに対して礼拝するわけです。だから、おつとめでも、最初に祝詞を上げて、それから般若心経を読経する。それは神道と仏教が「混ざって」いて、どちらでもないものになっているというのではないんです。別のものがそれぞれの純粋なかたちのまま並列されている。これは一神教文化圏の人たちからすると理解しがたい話でしょうね。

高島　本当に併存です。片方に吸収されてしまうんじゃなくて。

釈　そうなんですよね。

高島　実は、日本の神社のほとんどは神社本庁の管轄ですから、神職というのは派遣されるわけです。そうすると、派遣されて八幡宮に務めていた、神職の言い方ですと「ご奉仕していた」になりますけど、八幡宮にご奉仕していた神主さんが、次の日に辞令で稲荷社に移ったらお稲荷さんを拝む。つまり、われわれのように浮気っぽく今日は八幡さんを拝んで、あしたはお稲荷さんを拝んでというのでなく、もう全身全霊で昨日とは違う神様を拝むわけです。すごいでしょ、それって。

釈　仏教で言ったらご本尊代えるようなものですからね。

高島　そうですよ。「釈先生、ちょっと今日から浄土真宗でなく日蓮宗の住職になってください」と言うようなものです。

釈　昨日まで南無阿弥陀仏で、きょうから南無妙法蓮華経と唱える感じになりますからね。さすがにそれは抵抗がありますよ（笑）。

神仏は必ず習合する

内田　政治的には明治初めに「神仏分離」を強行したわけですけども、僕はあれは結局は失敗したと思います。だって、それから一五〇年経って、神仏はまた再び習合しつつあるんですから。日本の場合、これはもう宗教性の自然過程と言っていいのではないですかね。遠からず必ずや神仏習合がもう一度復活して、それが日本固有の宗教になると僕は思っています。

高島　最初に私が話をしたときに言い忘れたんですが、オウム真理教の地下鉄サリン事件。じつはあの後少しして、あちこちで霊場巡礼を復活させようという動きが起こっているんです。地下鉄サリンが起きたのは確か……。

内田　一九九五年。

高島　私の記憶だと二〇〇五年にずっと途絶えていた洛陽三十三カ所巡礼が京都で復活しています。それから、今回、皆さんが巡礼されるはずだった佐渡でも二〇〇六年に八十八カ所巡礼が復活しました。そういう動きの中で一番大きいのが「神仏霊場会」巡拝の道です。関西を中心とした一五二の神社とお寺が集まって二〇〇八年から始まりました。本屋さんに行ったらガイドブックも出ていますけど、名だたる社寺を順番に巡っていくんです。だから、かつての観音霊場のようなひとつの信仰の下にというのではなく、まさに神仏習合を体現しています。

神仏霊場会に加盟している社寺は近畿を中心とした七府県ですが、そのうち、大阪だけザッと読み上げると、住吉大社、四天王寺、阿部野神社、今宮戎神社、大念仏寺、法楽寺、生國魂神社、坐摩神社、大阪天満宮、太融寺、施福寺、水間寺、七宝瀧寺、金剛寺、観心寺、叡福寺、道明寺天満宮、葛井寺、枚岡神社、四条畷神社、水無瀬神宮、総持寺、神峯山寺、勝尾寺。こんなふうに神社もお寺も混じってます。

神仏霊場会の総会が数年前に大阪天満宮で開かれたんですが、これがすごかった。本殿に東大寺はじめとする僧侶たちも袈裟を着けてずらりと並ぶわけです。最初は何事が起こったんやと思いましたが、その後ちょっと反省したのは、いや、何事が起こったんじゃなくて、もともとはこれが当たり前だったんだな、と。だから、お寺で総会がある年には、神主さんたちも自分らの装束で行くことになる。こういう動きが今復活しつつありますね。

釈 やっぱりターニングポイントは一九九五年の地下鉄サリン事件ですか。伝統宗教へと目が向けられるきっかけも、遡求すればそのあたりに行き着くのかも。

内田 最近だと、日本会議や神道政治連盟といった国家神道系の政治団体や文化団体が突出してきている感じがありますね。これはあきらかに神仏習合に抵抗する動きですよね。

釈 そうなんですよね。

内田 神仏習合は１３００年続いていますからね。神仏分離は明治政府が天皇制をキリスト教的な一神教モデルに準拠して制度設計するために、政治的判断に基づいて強行したもので、宗教史的必然性があったものじゃない。でも、いまの日本の政権を背後で動かしているのは、この神仏分離という特異な宗教政策を支持する団体です。それが一大政治勢力になって安倍内閣を支え、方向づけをしている。僕はこういう宗教勢力が出てきたのは、自然過程としての神仏習合トレンドに対する恐怖や不安の現れだと思います。神仏習合への流れがしだいに強まってきた。だから、神道原理主義がそれを人為的に食い止めるために登場してきた。神仏習合は宗教史の自然過程ですから、それを止めようとする運動は構築的、イデオロギー的なものになるしかない。

釈　近代社会が成長期から成熟期に入って、現代人は宗教的なものや身体的なものを求めだして、瞑想系やスピリチュアル系といったさまざまなグループに足を向けましたが、しだいにカルト宗教事件が多発するようになりました。九五年のオウム真理教の事件がとどめとなってその流れが止まり、持っていきどころがなくなって、その流れが伝統宗教に向いた面もありますね。

内田　カルトに対するリアクションが、日本の固有の伝統的な宗教のかたちである神仏習合に帰着したんじゃないですかね。神仏習合って、最もファナティックじゃない宗教性ですもの。だって、ぜんぜん違うものが一緒にいて、それをとりあえずどちらも拝みましょうっていう話なんですからね。排他性と最も無縁な宗教性ですよ。神仏習合している限り、宗教はカルト化しないし、宗教戦争も起きない。九五年のオウムに対するバックラッシュとして神仏習合趨勢が出て来たのかもしれない。

釈　それと、地域コミュニティが崩れていっているので、伝統的なお祭りに目を向ける人も増えていますね。また、住職の感覚とすると、そのあたりから墓参りをする人が増えているように感じています。

高島　へえ、そうなんですか。

釈　ええ、都市部での傾向だとは思いますが、地域の宗教性が希薄になったことからの一時的現象かもしれません。一方、地方は逆に「墓じまい」が問題になっているでしょう。お墓については、転換期を迎えていることをひしひしと感じますよ。

宗教と芸能はつながっている

釈　伝統宗教をちょっとスピリチュアルに楽しむみたいな現代人が出てきているとして、その流れで言いますと、伝統芸能に目を向ける傾向もあるように思うのですが、いかがでしょうか。落語とか講談とか浪曲にやや復興のきざしがあります。落語家さんなんかはなんだかんだかなり増えています。伝統的な文化・

宗教・芸能に目を向ける感性は、通底しているんじゃないですか。

高島　本来は通底しているんだけども、表向きは別となっていますよね。宗教の世界と芸能の世界ってつながっているのに。

釈　つながっているとは、みんな思っていないんですよね。

高島　ところが核はつながっている。僕は鎌倉期あたりの念仏を説く人って、いわゆる流行歌手のイメージがあるんです。

内田　なるほど。

高島　街角でいい声で念仏を聞かせて、それを、「あのお坊さん、ちょっと格好いいし、声もいいわね」なんて言いながら見ていた部分はあったはずなんです。

釈　ありますね。鐘叩いて、見事なステップを踏んで。

高島　追っかけもいたと思うんです。

釈　ええ、それも熱狂的なのがいたでしょう。

高島　釈先生の追っかけは？

釈　残念ながらおりません（笑）。

高島　そういう意味では、今おっしゃった宗教と芸能は、世間的にはまったく別物と思われているんです。ところが、例えば大阪天満宮の敷地の隣に繁昌亭ができてから面白いのが、お賽銭が増えたそうです。

内田　へえ。

高島　繁昌亭に来る人が、必ずしも地下鉄の南森町の駅から繁昌亭にパッと入ってパッと帰るんではなくて、天満宮に寄ってお賽銭あげる。噺家さんたちもそれを習慣にしている人が多いです。笑福亭福笑という噺家はものすごくはちゃめちゃな人ですけど、あの人も繁昌亭に出る前、必ず天満宮にお参りする。そういったところにも芸能と宗教の新しいつながりが見えて面白いなと思います。

釈　天満宮と上方落語協会とのコラボレーションは、実にいい判断でしたね。

内田　繁昌亭はサイズがいいですね。

高島　そうですね。二一六席プラス補助席くらいですから。

内田　寄席のサイズはあれくらいがいいですね。芸能って、いつの間にかビッグビジネスになったけれど、ここにきて急速にインティメイトな空間の中でやるのが芸能本来の姿だということにみんなが気づき出した。

今の音楽業界ではもうＣＤがぜんぜん売れなくなった。Youtube でいくらでも無料で聴けるわけですから、複製を買う必要がなくなった。その代わり、みんなライブに行くようになった。アジアン・カンフー・ジェネレーションの後藤正文くんに、「今度の新国立競技場で八万人のライブは可能なんでしょうか？」と聞いたら、音質が悪すぎてあり得ないだろうと言ってました。東京ドームでも、音が悪いって言ってました。じゃあ一番音がいいのはどこなのって聞いたら、一〇〇〇人から二〇〇〇人くらいの会場が最高だって言ってました。それより大きいところではできればやりたくないって。何万人も集まって大騒ぎする時代は終わって、ライブの会場もダウンサイジングしてる。

釈　宗教も似た事情ですよ。宗教教団も、有名人を呼んで、何千人も集めて教団の勢力を誇示する、みたいなのは減ってますね。そういうのは若い世代に響かないようです。むしろ二〇人とか三〇人とかで集まって、みんなで宗教の話をしたりしている。そういう草の根型が増えてるし、そのほうがいいものになりつつある気がします。

内田　巨大な会場に何万人も集めてやるのって、アメリカのテレビ伝道師の流れなんです。

釈　テレバンジェリストですね。

内田　そうです。アメリカでは巨大会場に信者を集めて宗教的イベントを開くという伝統は信仰復興運動によって盛り上がって、一九世紀になると巨大な講堂に何万人も集めて、ステージにスポットライトを当てて、楽団が出てきて演奏するのをBGMにして、ラップみたいな感じで早口でしゃべり続ける伝道師が登場してきた。ドワイト・L・ムーディとかビリー・サンディとかはすごい人気でしたから、今のロックコンサートの原型は間違いなくこの福音主義者の伝道師たちだと思います。そのスタイルがどこかの段階で日本にも輸入されて、日本の新興宗教がそれを模倣した時期があった。アメリカではまだ福音主義は流行っているようですけれど、日本では巨大なロックコンサートも伝道集会もそろそろ賞味期限が切れて来たんじゃないですかね。

高島　内田先生が繁昌亭のサイズがいいとおっしゃったのは、観客の立場だけでなく、鼎談のときに舞台に上がられての感想でもありますよね。釈先生にも出ていただきました。

釈　われわれ三人とも繁昌亭の舞台を踏んでいるっていうのは、かなりの自慢ですね（笑）。

高島　あそこは高座に上がっても、すごく話しやすいですよね。

内田　二階席のお客さんの顔も見えますしね。

高島　一番後ろの人も、みんな顔見えるんです。だから、こっちはしゃべりながら、ああ、誰々さん来てるわっていう感じなんです。集団に話しているように見えながら、実は個々に話している感覚を持てるサイズってあるんですね。

釈　語り芸って、奥に長いよりもやっぱりちょっと横長のほうがいいですよね。

内田　そうです、横長がいい。

天神様の不思議な縁

高島　ただ、あそこは最初から意図したわけではなく、たまたま駐車場の場所につくったら結果的にいいサイズになったんです。天神さんに限らず神社ってそういう不思議なことがあります。天神さんの裏手に亀の池という池があって、そこにおいどん屋さんがあるんです。ここは目が不自由な方が開いたお店なんですけど、その方は自分が見えないものだから、箸で持ち上げても滑らないというように麺にところどころ切れ目を入れているんです。

釈　そうそう。

高島　切れ目が入ってるから、箸一本でも食べられる。

内田　へえ。

高島　そこ食べに来た人が、さすが天神さんやね、学問の神さんやから受験に滑らないようにこんなん出してくれてはるって言って、「滑らんうどん」って名前が付いている。そこまでは私もたまたまだろうと思いました。そしたら、さっき噺家が天神さんをお参りしてから繁昌亭に出るって言いましたけど、高座で滑ったある若い落語家さんが、お参りだけではあかん言うて、滑らんうどんを食べたら滑らなくなったとか（笑）。たまたま天神さんと寄席が隣り合って、そこに滑らないためのうどん屋さんが偶然できる。そういううまいことがなぜか起きるんです。何なんですかね、これ？

釈　ううむ、それはやっぱり天神さんの徳じゃないですか。

高島　そうなんですか（笑）。

釈　天満宮の横に寄席がある。そして天神橋筋商店街とつながっている。商店街にとっても大きいと思いますよ。人の足が向くでしょうから。

高島　そうですね。

釈　とくに、お祭りやるところは、地域コミュニティが長く残ります。大阪市内でも天満のコミュニティはかなり強い。

高島　しかも面白いのは、繁昌亭をつくったきっかけです。当時の上方落語協会の会長だった桂三枝さん、今の桂文枝さんですが、あの方がどこかで小屋を持てないかという思いから始まったんです。最初、天神橋筋商店街の閉まっている店があったら、そこを借りてやりましょうということでした。でも、商店街の顔役が天神さんに話を持っていったら、「どうぞここをお使いください」となって、あの場所が決まったんです。

　実はそこはかつて天満八軒と呼ばれた寄席の集まっていた場所で、今の繁昌亭の場所には女義太夫と楊弓場があったんです。それも不思議な縁と言いますか。そういう場所だからと知っていて、だからつくらせてくださいというんだったらまだ分かりますが、そういう偶然って、考えたら怖くなるときがありますね。

神道も仏教も習合した姿で成立した

釈　高島先生のお話、とても面白いのでもっとお聞きしたいところがたくさんあるんですが、時間が近づいているので少し質問の時間を設けたいと思います。皆さん、どうぞ気軽に。はい、どうぞ。

巡礼部　非常に面白く聞かせていただきました。神仏の習合のお話がありましたが、ちょうど先週、凱風館の何人かで、春日大社が遷宮の年ということで特別に三笠山に登らせていただきました。途中ずっと神職の方が「懺悔懺悔六根清浄」と唱えていて、懺悔は仏教ですから、それがすごく不思議に感じて面白いなと思いました。今でも神道なのに仏教的とか、仏教なのに神道的といった習合の要素はけっこうあるんでしょうか。

高島　今でも習合があるかどうかではなく、そもそも仏教も神道も習合した姿で成立したんです。つまり、原始の時代にあった信仰が、仏教が入ってきたことによって神道として成立した。実際、仏教が入るよりだいぶ遅れて神道の体系ができるんですが、体系をつくること自体が仏教の影響なんです。もともとの神道に教義はないですから。仏教がすごく精緻な教義を持ち込んだもんやから、自分たちも負けてはいけないっていうのでやるわけです。

そうかと思えば反対に、今の仏教だって、われわれの日本人のイメージはどうしても葬式仏教ですよね？　でも、どうでしょう、釈先生、仏教って本来は死者を祀るなんてことは主ではなかったですよね？

釈　そうですね。主ではありません。

高島　ところが、仏教が日本に入ってきたとき、神道のほうで先祖供養のようなものが始まりかけていたので、この国で広めるには自分たちもそれをしようと考えた。それで供養に重きを置き始めた。その結果、江戸時代には先祖供養の宗教みたいなイメージが植え付けられて現在に至るわけです。だから、もちろん個々に習合の姿を見ようと思ったら、嫌なほど見られるけれども、それ以前に、それぞれの存在そのものが習合形だというイメージを私は持っています。

釈　「懺悔懺悔六根清浄」というのは、修験道の人たちが修行するときに唱える言葉です。ご存じのように、修験道は密教と神道が合流してできた日本独特の宗教で、般若心経を読誦しますし、祭文も語ります。山岳信仰がベースです。日本の宗教の場合、密教を土壌としてさまざまな花が咲いている面があります。特に山の宗教となると密教色が強くなります。そもそも密教も仏教とヒンズー教が習合してできたようなものですからね。神道だって、土地の信仰だって、山の信仰だって、海の信仰だってなんでもくっつきやすいという面はあるでしょう。

ただ、いつもこの話になると悩むんです。明らかに神仏習合こそが日本の宗教の主流をなしてはいますが、教団についていうと、仏教から離れようとした神道である伊勢神道や吉田神道のほうが栄え、できるだけ神道色を排除しようとした浄土真宗が日本最大の教団になる。このあたりがうまく謎が解けないところなんです。

高島　なるほど。習合が日本の宗教の特徴といいながら、純化しているほうが巨大化するのはちょっと理屈があわないですね。

釈　創価学会もその傾向にある。分けようとした教団の方が大きくなってるんです。

内田　うーん。この辺は説明が難しいなあ。

高島　先ほど私は神仏霊場会に寺社が一五二あると言いましたけど、実を言うとそこに浄土真宗の寺院は入っていないんです。だから、大阪の北御堂、南御堂は入っていませんし、京都もすごい数のお寺と神社が入っているけれども、東西の本願寺は入っていません。

内田　あら。

釈　考えられる要因のひとつは、弱い民族の中から一神教が発達するみたいな感じで、ただひとつを選び取るという形態の信仰に弱者が集い、力を合わせて発達させてきた面があるでしょう。

浄土真宗などは、神仏分離の傾向が強い。阿弥陀仏一仏だけを選び取って、それ以外を拝まない体質があります。ただ、ここは注意深く見ていかないといけないところなんですが、じゃあ浄土真宗の熱心な地域はそういう神仏習合の信仰形態がすごく薄くなるかというと、そうでもない。実際に浄土真宗の熱心な門信徒たちのフィールド調査をすると、やっぱり篤信家というのは、何事に対しても篤信家ですよね。だから習合する。

高島　そうか、そうですね。

釈　理念ではクリアにカットされているのに、実際の人々の生活の中ではそんなふうにクリアにならないという、二重三重にねじれている。いかに浄土真宗の人たちが屈折しているかということでして（笑）。

高島　真宗はそう、屈折しているんです。例えば、浄土真宗では神祇不拝といいます。神社を拝まない。ところが実際問題として、親鸞が教えを説いてからずっとその姿勢を徹底的に貫いたら、弾圧されてすごかったはずです。浄土真宗が世に出てくるときに、旧来の仏教からの反発を抑える課題と、神道側からの反発を抑える課題と二つあったはずで、それを解決して仏教界の反発を抑えるために聖徳太子を用いた。今でも真宗のお寺って、必ず聖徳太子を祀ってますよね？

内田　へえ。

高島　日本仏教の祖として祀るんです。そうすることによって他の仏教寺院からの反発を抑えた。これ、高島説ですけどね。

もうひとつ、神社界からの反発を抑えるために、天神さんを阿弥陀仏の垂迹だと言いました。そして、親鸞聖人や蓮如上人は、「南無天満大自在天神」という軸を残しています。天満大自在天神というのは、天神さんのフルネームです。それに南無阿弥陀仏の南無です。つまり、「天神さんに帰依します」っていうことを蓮如上人が書き残している。数は少ないですけど、確かに残している。その理由は、いざというときに、われわれは神道を排除していませんよっていうポーズだと思うんです。かつて大阪本願寺の門主・証如も大阪天満宮にお参りして、お賽銭もあげてます。そういう形で、布教の基盤が定着するまでは譲歩する部分も見せて、そして、これでいけるとなった段階で本来の教義を徹底的に打ち出したわけです。

ただ、地域差はありますね。例えばいわゆる安芸門徒、広島あたりはかなりピュアなものを目指す傾向が強いですが、もうひとつの真宗王国である北陸なんかは、ずいぶんいろんなものが混じるっていうような、そういう違いは若干あるように思います。

日本で初めての聖地はどこか

釈　ほかに質問がございますか。いかがでしょう。

巡礼部　最初の高島先生のお話で、もともと聖地という言葉は日本にはなくて霊地や霊場と呼ばれていたということですが、いつ頃から今の意味で使われるようになったんでしょうか？

高島　せや、せや。話を着地させせないといけませんね、忘れていました。日本語にはそもそも霊場とか霊地しかなかったという話を先ほどしました。聖地という言葉は翻訳語ですが、新聞を調べてみたら朝日新聞で最初に聖地という言葉が出てくるのは一八九四年、明治二七年だったんです。ただ、このときはヨーロッパの聖地について使っています。国内の場所を聖地と呼んだのは、朝日新聞では一九二〇年が最初です。面白いことに、見出しは「日蓮の聖地」なんです。仏教の聖地や神道の聖地としてではなく、日蓮宗が先にこの言葉を使った気配があるんです。その後、だいぶ新しくなりますが、一九七二年に東京の京浜急行沿線に「ギャンブルの聖地」として「聖地」が登場します。翌七三年にはお茶の聖地はどこどこなんて使われるようになりました。

整理しますと、ヨーロッパの聖地については宗教的な文脈で使い、国内では霊的なものではなくて何かの中心地や人数が集まるといった意味で多用するようになります。それが一九七二年からでした。さて、ここからが話の着地点なんですが、スピリチュアルやパワースポットがブームになってきた頃、その言葉は非宗教的なニュアンスが強いので、対抗する言葉として宗教的な意味の聖地が使われるようになったということのようなのです。

スピリチュアルブームがいつ頃かというと、二〇〇七年から二〇一〇年くらい。ちょっと面白い話があって、毎日新聞が現在はパワースポットブームだと書いた最初の新聞記事があるんです。これ、どんな内容かというと、あるラジオ局がそういうブームに対してこんな番組をつくったという記事なんです。その番組って何だと思います？

釈　なんでしょう？

高島　『8時だヨ！神仏習合』。

釈　おー。

高島　釈先生が顧問をやっているラジオ番組ですよね。私も出してもらったことがあります。その後『8時だヨ！神さま仏さま』という名前になっていましたが。

釈　へー、そうなんですか。

高島　さっきのご質問の答えをもう一度整理すると、もともとは日本では聖なる場所を指す言葉として、霊地や霊場を使っていた。明治以降、翻訳語として聖地はあっても、それは外国の聖地を指していた。お釈迦様もそうで、「インドのお釈迦様の聖地」っていう表現が出てきています。でも、なかなか国内では使われなくて、日蓮宗についてだけちょっと例外的に出ましたけども、あんまりそれは主流にならなくて、逆に一九七〇年代から「ギャンブルの聖地」とか、ちょっと人が集まる中心地という意味で使われ始めます。

だから、最初に冗談めかして言った「串カツの聖地・松葉屋」って、すごく聖地という言葉の伝統をくんだ言い方やな、と思ってるんです。そうした流れがあった後、パワースポットブームという非霊性的な動きが出てきて、いや、それではいかんぞと、かつての霊場・霊地を代替する言葉として聖地が使われるようになった。

内田　なるほど。

高島　そういう整理でいけるんやないかと思っています。

釈　その可能性はあると思います。とりあえず、一九七〇年代から八〇年代あたりから、現代人は宗教的なものを求め出すわけですが、今まで使っていた用語はどうも使いたくないっていう風潮があった。われわれが使っている霊性という言葉も、使い勝手がいいのでその頃から盛んに使われ始めました。当時は宗教という言葉をみんなすごく嫌いましたよね。宗教的なものを求めているんだけど、宗教という言葉を使いたくないから、霊性とかスピリチュアルとか言い出したんです。

そんなふうに、もう手垢がついてしまって使いたくない、あまりにもイメージがこびりついている言葉を避けたい、と思ったときに現れたのが、霊性や聖地という言葉なのでしょう。不確かな記憶なので間違っているかもしれませんけど、一九九〇年代くらいにＮＨＫがテレビ番組で「ブッダの四大聖地」とか言っていたような気がします。

高島　なるほど。ブッダの四大聖地という表現は、神道や国内仏教の聖地にスライドさせやすいですね。キリスト教の聖地と言われると、それとは違うでしょうとなりそうですけど。

さっき私、『日葡辞書』をいつも横に置いていると言いましたが、それとは別に、ときどきめくるのが『現代用語の基礎知識』です。あれって時代の流れを見るのに便利なんですよ。出始めて三〇年ほどたつんですが、その間、霊場や霊地という言葉は一回も出てきません。なぜかといったら「現代用語」ではないからなんです。つまり、日本の伝統的な言葉だから出てこない。でも、パワースポットは二〇一一年にちゃんと出てきます。聖地はその後ポツポツ出てきていますね。

内田　現代用語なんだ。

高島　そう、現代用語なんです。だから、キリストの聖地なんて言い方をすると紀元前からあるように錯覚しますよね。でも、実際には今言ったような流れの中で、実は『現代用語の基礎知識』に出るくらい新しいんです。

釈　まだまだ伺いたいことはありますが、お時間も過ぎていますので、鼎談はこのあたりで。高島先生、内田先生、お疲れさまでございました。

高島　はい、ありがとうございました。

内田　ありがとうございました。

session 3

日本の聖地の痕跡

Part1

植島啓司

イントロダクション（釈徹宗）

それではいよいよ最後のセッション3です。植島啓司先生にご登壇いただきます。

われわれは聖地巡礼と称してあちこちうろつくようなことをしておりますが、植島先生は長年聖地をテーマとして研究を続けておられますので、あらためて聖地についてのご教示をいただきたいと思っております。

つい最近、植島先生は『伊勢神宮とは何か』という本を書かれました。読んでいただくと分かりますが、だんだんと現在の伊勢神宮ができあがっていくプロセスを、まさに脳内ロードムービーのように、各地を巡りながら連れていってくれる、たいへんエキサイティングな内容となっております。あれを読むとあらためてて、われわれは海洋民族の末裔だということを実感することができます。それでは植島先生、どうぞよろしくお願いいたします。

古代交通としての海路

植島啓司

伊勢神宮の専門的な話だと、初めて聞いていただく方には分かりにくいと思ったのでレジュメを用意しました。きょうのお話の原点となるのがバックミンスター・フラーの『宇宙船地球号』という本で、一九六八年に出ました。今のエコロジーの先駆けとなった本で、当時は大ベストセラーになりました。この本で語られていることを下敷きとしながらお話をさせていただこうかと思っています。

バックミンスター・フラーと私は面識はありません。松岡正剛さんは会ったけど、何を話しているか分からなかったみたいなことをおっしゃっていました。僕はニューヨークに、ニュースクール大学の客員教授として一九九〇年から九一年まで滞在していたんですが、そのときにアメリカ人の女性ダンサーと知り合いましたが、彼女がエリック・ホーキンスカンパニーにいたんです。エリック・ホーキンスは有名な舞踏家で、モダンダンスの母と言われるマーサ・グラハムの旦那さんでもあります。そういう縁でやはり舞踏家として著名なマース・カニングハムとも知り合うことができました。マース・カニングハムといえば、お互い支えあった仲間として作曲家のジョン・ケージがいます。僕もジョン・ケージと何度かお会いして話をしたことがあります。マース・カニングハム、ジョン・ケージ、ナム・ジュン・パイク、デビッド・チュードアー、日本人では小杉武久さん、こういった人たちがいつも集まっていろいろな話をしていました。僕は温泉の話とか、雑談ばかりでしたけれど。ただ、ジョン・ケージとの会話で、彼が「一番信頼できて、イマジネーションを鼓舞してもらったのは、バックミンスター・フラーの本だ」と言ったのはすごく印象に残っています。

バックミンスター・フラーは、古代の交通は海路が中心だったと主張しています。定説ではアリューシャン列島からアラスカへと陸路でつながっていた時代にアジアからアメリカへの人類の大移動が起きたとされていますが、それよりはるか前からお互いに海を渡って交流していた可能性があると証明したのがコンティキ号で知られるトール・ヘイエルダールです。そこからバックミンスター・フラーは世界の主要な文明は既に航海によって結ばれていたと問題提起したわけです。

人類と文明の起源は東南アジア？

三世紀の中国に『海賦』という書物があって、今はインターネットで無料で読むことができます。二〇～三〇年前にNHKの番組でこれを取り上げたことがありましたが、これは中国の古い歴史書で太平洋の航海記録が書かれています。石像が一方向だけを向いている島があるといったイースター島を思わせる記述もあって、三世紀にすでに中国大陸から南アメリカ近くまでの移動の記録が残っている、非常に稀有な書物だと思います。

通常、文明の発祥はパレスチナからペルシャ湾にかけての三角地帯とエジプトとされていますが、そうではないと最初に問題提起をしたのもバックミンスター・フラーです。ある学者たちは一万年前、豊かな文明が北緯二〇度から南緯二〇度の間にあったと主張しています。それに最もふさわしい場所を探すと東アフリカと東南アジアが考えられるわけです。

東アフリカはヨーロッパから近く、乾燥地帯なのでたくさんの遺跡が残っています。皆さんご存じのとおり、ルーシーという三五〇万年前の初期人類の全身骨格がエチオピアで発掘されたのは非常に有名な話です。僕も現場に出掛けたことがありますが、やはりこの二カ所以外に文明の発達した場所はないだろうと感じています。

バックミンスター・フラーは『宇宙船地球号』よりずっと前、一九四四年に『流体地理学』という論文の中で、おそらく東南アジアこそが文明の源ではないかと書きました。これはずっと頭にこびりついていました。

ダイマクションマップという、フラーが発明した地図をお渡ししたレジメに載せています（次頁参照）。三角形を繰り広げていって世界を表現していく独特の地図ですが、その中段右側の三角形に五四パーセントと数字が書いてあるのがお分かりですか。じつは全地表の中で、この三角形内の面積はたった五パーセントしか占めていません。でも、人口の五四パーセントがここに密集しています。これは

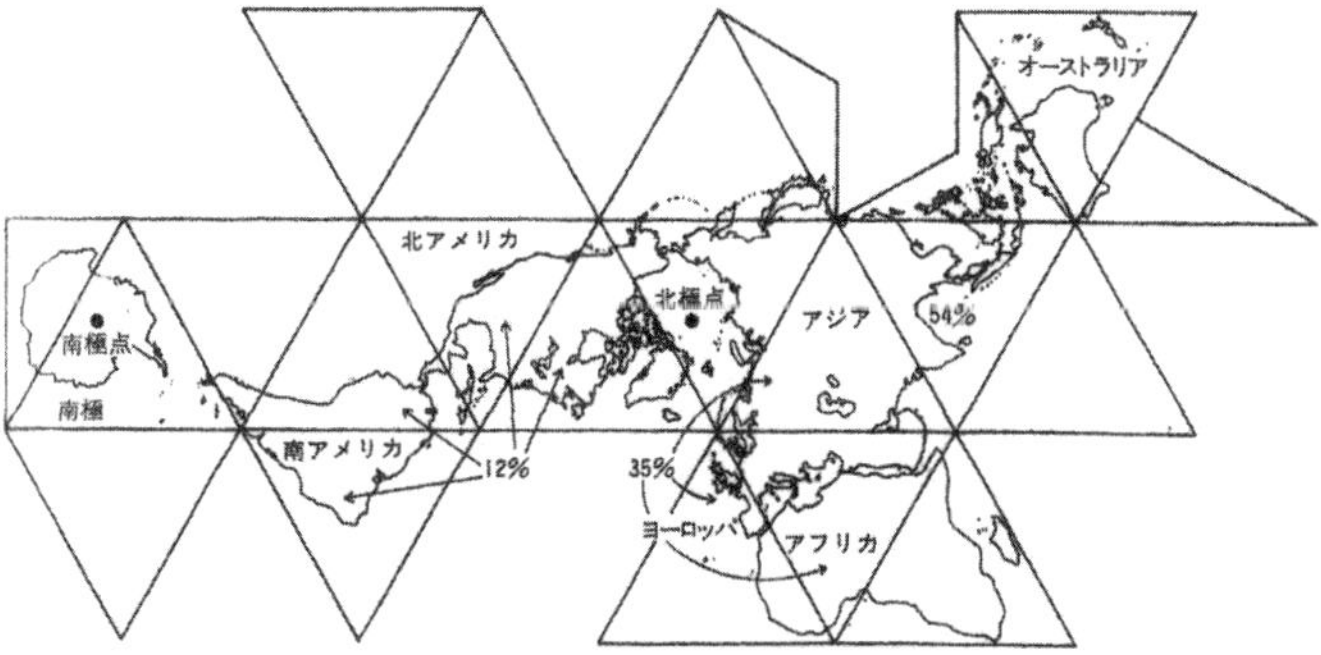

アジアのウォーターフロントと表現されていますが、インドから東南アジアを経て中国に至る地域です。ここから遠ざかるほどに人口密度が小さくなると彼は論じました。

このマップを見てみると、東南アジアというのは特別な場所なんだということが分かります。つまり現在の人口の密集地帯は、もともと人口圧力が強くて、人類が古代から住んだ場所に当たるんじゃないか、彼はそう考えたわけです。そもそも東南アジアは大陸でした。東南アジア大陸という、かなり大きい大陸だったんですが、それが沈んでいまのようにバラバラの細かい島になってしまったことは考古学ではよく知られています。この大陸が沈むときに人類も分散していきますが、それが恐らく最初の移動だろうと彼は考えました。移動には四つの経路があって、ひとつはインドネシアのバリ島を経由するルート。二つ目はチャオプラヤ川という、タイのバンコクを流れる川を通って北上するルート。三つ目はメコン川を通って移動するルート。それから最後の四つ目が黄河を通って移動するルート。これが恐らく人類最初の移動経路ではないか。そうやって西に向かって進み、アフリカへと人類が移動したという説を彼は唱えて、つまり東アフリカが人類発祥ではないという非常にセンセーショナルなことを言ったわけです。

しかも実際、一九七九年にミャンマー中西部のポンダウン丘陵で四〇〇〇万年前の霊長類の化石が見つかりました。これは最も古い霊長類の化石です。つまり、霊長類はアフリカではなく東南アジアに端を発して、西アジア経由でアフリカに移動したという推論がいよいよ可能になってきたわけです。

そもそも東南アジアで化石の発掘が進まなかったのは、さっき申し上げましたように大陸が海に沈んでしまったこと、湿地帯が多いことなど、条件がそろわなかったことがあります。あとは地理的に遠く、西洋人が東南アジアまで発掘調査に入らなかったことも理由のひとつでしょうね。でも、こうした事実が見つかってきて、バックミンスター・フラーが提起したように、東南アジアに人類の起源があったんじゃないかと考えられるようになってきました。

倭人と日本人の海の記憶

たとえば柳田國男の『海上の道』なども、そうした人類の移動の記憶とどこかで結び付いているのかもしれません。僕がすごく興味を持ったのは倭人なんです。倭人は南から渡ってきて、中国の江南地方、朝鮮半島、そして今の日本列島に住み着いた人々です。日本人の原型だと言われていますが、七世紀くらいまでは東アジアの海で活躍していた海の民を意味していました。『魏志倭人伝』や『漢書地理志』など、中国の歴史書には漁労技術が非常に発達した集団だと書かれていて、その一部が日本列島を統一した人々と重なっているだろうと言えると思います。

出雲大社の調査もしましたが、出雲に祀られている神様は龍蛇神と言いますが、セグロウミヘビという実際にいる動物なんです。出雲大社の奥に神座という誰も入れない場所がありますが、そこに何十年かに一度入れる日があって、僕も入れさせてもらいました。すると、神座が正面ではなく西を向いてるんです。つまり海を向いている。それを自分の目で確かめられて、非常に晴れ晴れとした気持ちになりました。

もともと出雲の神様は大国主命ではなく、セグロウミヘビで代表される龍蛇神信仰が根底にあったんだろうと思います。黒潮に乗ってきた人たちの信仰ですね。これは非常に強くて、出雲でも伊勢でも、また、京都、奈良、若狭、四国の足摺岬、屋久島、岩手、もちろん熊野でも、日本のいたるところに信仰の跡が濃厚に残っていて、それが日本の聖地の原型に当たるものじゃないかなと考えています。

海民の伝統としての入れ墨

日本の歴史には、ほかにもうろこや尾のある一族がいっぱいいます。たとえば豊後の緒方一族。もともとは尾形と書いて、身体に蛇の尾やうろこがあったとされています。伊予の河野氏にもうろこがあって、家紋にも逆三角形のうろこが付いていています。あと、宗像氏ももともとは胸形と書いて、胸にうろこがあったと言われています。ほかにも北九州や瀬戸内海西部の海部の英雄たちで、祖先が龍蛇神と交わったため、尾やうろこを身に付けたという話はたくさん残されています。

そもそも応神天皇にしても竜尾《うろこ》があったとずっと信じられていました。室町時代の『塵添壒嚢抄《じんてんあいのうしょう》』（巻七）という百科事典のような書物に「尾籠」の語源が載っていますが、それによると応神天皇は竜（龍）神の末裔だから竜尾があったとされている。あるとき応神天皇が出御する折、内侍が早まって障子をたて、天皇のシッポの先を障子のあいだにはさんでしまう。天皇は「尾籠なり」、つまり「シッポが挟まったじゃないか、無礼者」と怒ったという。それが「尾籠」の語源だとされています。室町時代には応神天皇に竜尾があったことは広く知られていたわけです。このことは神武天皇から第十五代応神天皇までみな海神の血を引いていたため、みな尻尾があったり、うろこがあったりしたという伝承とつながってくるわけです。

それ以前にも、縄文人が日本列島近くの島々に進出した動機として、さまざまな海の幸を求めてという点は見逃せないのではないでしょうか。縄文人は基本的に海の民なのです。この日本列島に定住するようになった民族はもともと海の民、海人、磯部と呼ばれる人々で、そのことから古くからおこなわれている宗教儀礼や祭祀の特徴にもつながってくるのです。折口信夫も『古事記』『日本書紀』のまわりには海部の伝承が濃厚にまとわりついていると指摘しています。

さて、「文身」と書いて「いれずみ」と読ませますが、「文」という字形そのものが入れ墨のうろこをあらわしているんです。『魏志倭人伝』にも倭人はみんな入れ墨をしているという記述があります。彼らは海の民で入れ墨をしていて、そのおかげで龍やサメに襲われたりしないですむと書かれている。

実はヤクザが入れ墨をするのもまったく同じ意味だったと思うんです。銭湯が入れ墨の人を出入り禁止にするので見る機会が減って僕としてはとても残念なのですが、入れ墨は本来、自分の身体を守るためのおまじないです。そういう入れ墨の習俗が先にあって、うろこや尾のある一族の神話ができたのか、本当にうろこや尾のある一族がいて、のちに入れ墨の習俗と結び付いたのかは分かりません。いずれにしても、日本の海の民の伝統はいろいろなかたちで残されているんだと思います。

日本の聖地の痕跡を探して

僕はこれまで日本の聖地はかなり本格的に回ってきました。水分とか水源に必ず聖域があることはよく知られていますし、本来は都市の中心部にだって聖域はいくらでもあるんです。ただ、東京や大阪などの大都市ではそれらの上にフタをしてしまう場合が多いので、もう復元は難しいでしょうね。

皆さんもいろんな聖地にお出掛けになっていると思いますが、例えば今はほとんど人が住んでいなくても、古代には大伽藍が建っていたような聖地もあって、その代表が阿蘇です。『隋書倭国伝』という書物では、阿蘇には青い光を放つ玉があり、そのまわりに三〇以上の仏教大伽藍が建ち、僧侶もたくさん暮らしている非常に素晴らしい山上都市だと描写されています。『隋書倭国伝』は別に九州についての本じゃありません。大和に来た筆者が書いたにもかかわらず、阿蘇について丁寧に取り上げているのを見ると、かつては阿蘇が日本仏教の一大中心地だったんだろうと想像できます。

阿蘇に限りませんが、そういう聖地が日本全国に痕跡として残されていて、それが失われる前になんとか元の形を書き留めたいというのが僕の仕事です。ですから、伊勢でもものすごく小さな祠《ほこら》とか塚とか磐座《いわくら》とか、そういうものを中心に調査をしてきました。熊野でもそれは同じです。

龍穴信仰に日本の信仰の原型がある

古代聖地の中心的な場所として、龍穴があります。龍を祀っている穴が日本各地にたくさんあって、高野山にも、日光にも、室生寺にも、大峯山にもそれから最近ずっと調査をしている木津川沿いの笠置寺にもあります。龍穴、岩戸、岩屋、それから室。これらは全部同じものを指していて、人が神様と出会うためにこもる場所のことです。最初にこもって祈りを捧げた場所がのちに聖域に変わっていったわけです。

龍穴信仰は、日本の信仰のひとつの基盤になっているんじゃないかと考えています。おそらく海洋民族であり、龍神をトーテムとする人々が、いわゆる水の女と交わることで世界を新たに生み出すという行事が、日本の宗教儀礼の一番根底にある。「ミズノメ」とは「水の女」と書きますが、大嘗祭で天皇の即位式にも登場します。神様と水の女が交わることによって天皇霊が生まれるという形で、大嘗祭で天皇が変わるごとに繰り返されるのもこの儀礼です。宗教儀礼、行事のエッセンス、それが行われる場所の原型ということで追いかけていくと、日本の信仰がどう展開していったかを読み解くことができると思います。

神服織機殿神社

伊勢神宮よりもずっと北、松坂の外れのほうにある神服《かんは》織機殿《とりはたどの》神社と神麻続機《かんおみはた》殿《どの》神社という二つの神社があります。こういう美しい神社が伊勢にはいっぱいあるんです。社殿はほんの少しで、あとは全部森。あたりの鳥が何十種類も集まってきて美しくさえずる。やはり聖域というのは音なんです。

神服織機殿神社は、伊勢神宮にお祭りで着るための布を織ったりする機殿を祀った神社です。ここに興味を持ったのは、一般にお祭りというと支配者や男性が優先されるんですが、じつは伊勢神宮で最も重要なお祭りは機織りや女性が関わったものである可能性が大きいことがわかったからですね。

ただし、時間も大幅に超過してしまっていますので、伊勢神宮についての話はまたの機会にいたしましょう。

　今日は、僕の研究の原点から伊勢志摩のフィールドワークまでをすごく大ざっぱにですけど、お話しさせていただきました。そろそろ時間のようです。ありがとうございました。

session ***3***

日本の聖地の痕跡

Part2

植島啓司
＋
高島幸次
＋
内田　樹
＋
釈　徹宗

釈　植島先生、ありがとうございました。それでは鼎談へと移らせていただきます。途中から高島先生にもご登壇いただこうと思いますが、まずは今のお話を聞いて内田先生、いかがでしたか？

内田　いや、びっくりしましたね。打ち合わせもしていないのに同じような話が出てきた。セッション2で海部の話をしましたよね？　風と海のエネルギーを変換して人間世界に有用なものとして発現せしめる、固有の技術を持った天皇直属の職能民。その後に馬飼部という、野生獣のエネルギーを転換する職能民が現れ、両者のヘゲモニー闘争がこの日本列島で延々と営まれてきたのではないかという「源平合戦」仮説を僕は勝手に立てているんですけれど、お話に海部が出てきましたね。

自然力を変換する能力は、自然と人間が合体しているという表象をとるはずですから、うろこがあったり、尾があったりするのは、海洋との親和性をあらわしているんだろうと思います。同じように、野生獣のエネルギーを制御できる職能民たちは人馬一体のケンタウロス型のかたちで表象される。こんなこと人間にできるはずがないような超常的な能力を発揮したのを見た人たちが、畏怖や驚嘆のあまり、そういう人たちの容貌を特異な図像に脳内変換して、それが語り伝えられたのかもしれませんね。

釈　植島先生、倭人の原初的な信仰にはどんなものが考えられるんでしょうか。

植島　『魏志倭人伝』に仏教は出てこないですね。

釈　出てこないです。

植島　信仰に関わることでは葬送儀礼と占い、あと入れ墨でしょう。

内田　入れ墨がやはり印象深いですね。魏の人からはよほど異様な習俗として映ったでしょうから。倭人たちは、全身に入れ墨を入れていたんでしょうか？

釈　そのようですね。呪術的な意味もあったでしょうし、コミュニティのシンボルという意味合いもあったでしょうね。魚のうろこを描くことで超人間的な力を身に付けるというような意味もあったのでしょう。

内田　自分たちを魚類と人類の中間的なものに仕立てて、二つの世界を架橋するというのは、なんかやりそうな気がするんですよ。ほら、ジャングルに入っていく人たちが顔に泥を塗って、頭には枝を付けたりするじゃないですか。二つの世界を行き来するときは、「そちらの世界にちょっと入らせてもらいますけれど、どうぞお目こぼしください」っていう感じで、人間を自然に似せて装飾するというのは、基本的なことなんじゃないですか。

高島　人類の最初の入れ墨って絶対にうろこ型ですね。きっとそんな気がする。

釈　可能性はありますね。腕や胸にうろこを描くことから始まった。

高島　そう。俺は魚だぞっていうね。

植島　類感呪術ですね。

内田　そう思います。

釈　先ほどインターフェースをブリッジするというお話が出ましたが、異なる領域や共同体が折り合うって、とてもクリエイティブですよね。そこには新しいストーリーが発生します。同時に、そこに信仰や異形の存在も生まれる。たとえばヘビをトーテムしてるグループと、鳥をトーテムしてるグループが融合すると、羽の付いたドラゴンのストーリーができたりする。同じように鵺《ぬえ》は、サル・トラ・ヘビの融合ですし。

植島　そうですね。

釈　コミュニティのシンボルが合わさっていくと、人間の創造能力が賦活して、融合した個体の話が生まれたりするのでしょう。

内田　きっとそうです。たとえば、中国皇帝の顔を「龍顔」と呼びますよね。

釈　それは龍の末裔というストーリーからですか？

植島　しっぽがあったんじゃないですかね。

釈　あったんですか。

内田　いや、だって衣冠束帯って、「これぞ龍のしっぽ」と言わんばかりの装飾じゃないですか。頭に付けてる天冠だって、あれは角ですよ。しっぽや角を服飾的にデザインするとき、ああいうものになるんじゃないですか。

高島　われわれの尾骨って、あれ、しっぽの名残なんでしょう？

内田　そうらしいです。

釈　尾骨がすごく長い人、たまにおられるみたいですけど。

高島　うん、そうなんですよ。

釈　もうひとつつけ加えますと、自然に人間を似せようとするメンタリティと共に、人間の最後の一線を守ろうとするところもあるんです。人としての最後の一線を身にまとう。すごく原初的な生活をしているような場所に行くと、子どもとか丸裸で暮らしてるんですけど、なぜか腰にひもを一本だけ巻いたりしてるんですよね。別に何も隠せてないんですよ。ひもを巻いてるだけですから。でもあれを見ると、何か人間と自然との最後の境界線というような、そんな感じがするんです。

内田　そうですね。二つの領域を架橋することができる人間は両方の領域の特徴を分有していないといけないんですよ、きっと。

川を通じて広がった海民文化

釈　例えば海幸山幸の神話のように、どこかで山の民と海の民にわかれる分岐点はあるんでしょうか？　日本列島の場合は、もとをたどれば、どちらも海から移動してきて、山へと向かった人たちと、そのまま海沿いで暮らす人たちに分かれたのでしょうが。

植島　最初に到着した人たちが、まず湿地帯で漁業と同時に農耕を始めたと思うんですね。でも農耕で人々がそこで定着できるようにするのに、きっと何百年も何千年もかかったと思います。ですから、山と海で二つに分かれるというよりは、同時の運動なんじゃないですかね。

釈　海沿いの便利な部分と高台の便利な部分、両方を同時に開発していったんですね。両者はかなり性格を異にする印象も受けますが、源流をたどればそんなに大きな差はないと？

内田　熊野の巡礼で気が付きましたけれど、あそこは山ですけど、あきらかに川の文化ですよね。

釈　そうでしたね。大きな川が山の奥地から流れています。

内田　これは山の奥に入り込んだ海民文化なんだ、と。

植島　そうですね。そのとおりだと思います。

釈　となると、山の民もやはり水辺を移動する人たちの流れなんですね。

植島　伊勢での移動も全て宮川と五十鈴川と、それから祓川の移動ですからね。

釈　そうなると、最も大事なのは操船技術じゃないかなという気がします。操船技術がやがて宗教儀礼化して、お祭りなんかにもあらわれる。

内田　「だんじり」なんて、操船技術そのものの表象ですからね。古代に五畿七道ってありましたけれど、あれは国策として、軍を地方に送るためのロジスティクスの道路なんですけれど、興味深いことに五畿七道には水路が含まれていないんです。

植島　水路？

内田　ええ、水路を使っていないんです。でも、軍事的ロジスティクスのための道路なんだから、大量の物資を安定的に輸送するのには水上交通がきわめて有効なはずなのに、水路が使われていないんです。意図的に排除している。卓越した操船技術を持った職能民集団が存在しているにもかかわらず、古代の中央集権的国家が水上交通を排除したということは、おそらく水路を管理する人々が「まつろわぬ民」だったからだと思うんです。彼らに軍事的な資源の運搬なんかうっかり委ねられない。「あれ、沈んじゃいました」で済まされたらたまらない。

釈　別の理屈で暮らしてる人々がいたわけですね。

内田　そう。「あれ、うちの兵隊は、うちの兵糧は？」「全部途中で沈んじゃいました。お気の毒です」と言われても、どうにもならない。

釈　水際を移動する人たちっていうのは、確かに中央集権的ではない。だから、為政者にとってみたら一番手こずる集団ですよね。移動しちゃうわけですから。

内田　中央集権的に民を支配するためには、仕切りをつくって中に入れて、定住させるのが基本なんです。国家の基本は国境線ですよね。でも海民は定住しない。海も川も本来無住の場であって、境界線で区切ることができない。だから、海民はそもそも中央権力による実効支配にはなじまないんです。

釈　われわれが熊野を巡礼したとき、高台から海を見ると黒潮の流れの部分が色が違って見えて、まるでそこが海の森のように感じました。

内田　そうでしたね。

釈　土佐、紀伊半島、房総半島、そしてずっと三陸まで海民は黒潮に乗って自由自在に行き来していて、われわれよりもずっと近い距離感覚でいたんでしょうね。

内田　そうですね。さっきのバックミンスター・フラーの地図じゃないけど、水上交通の所要時間を距離に換算して地図をつくったら、われわれが見慣れている地図とは全然違うものになると思います。例えば、黒潮で結ばれた紀伊半島と房総半島はすぐ近くにあって、日本海側でも、松江と舞鶴と酒田がほとんど隣接しているとか。

釈　ほんとうですね。

「こもる」が宗教行為の根源にある

釈　お話を聞いていていて私が非常に興味深く感じたのは、日本人の信仰の原型のひとつだとおっしゃっていた龍穴洞窟ですね。やっぱり人はときどきこもりたくなるんでしょうか。われわれには「どっかにこもらないと収まらない」心性や身体性があるような……。

植島　こもるというのは、おそらく宗教的な行為の原型だと思います。祈りとかいろいろ言うけど、一番の根源はともかく「こもる」ことじゃないですか。

釈　人類の宗教の起源は、洞窟にこもることから発生したと？

植島　ええ。こもって夢を見るとか。

釈　そうすると、われわれは今、宗教も、アートも音楽も、それらを全部分離して考えていますが、もともとは同じような領域であったと言えますよね。洞窟に入って何かの宗教的な儀礼をしたり、火をたいて洞窟に揺れる影を映し出したり、壁に絵を描いたりということを、人類は洞窟を中心として始めた。

植島　ええ。やっぱり、アジール的なところもあるし、洞窟は人間にとっての避難所でもありますからね。

内田　修験道の話を聞くと、山伏は山を歩いて滝行して、あとはやっぱりひたすら「こもる」らしいです。狭いところにぎゅうぎゅう詰めにされたり、煙火を焚いて目も開けられないくらいにいぶして、それを耐えるというのが初心者用の修行のクライマックスらしいです。

釈　そうなんですか。

内田　よほど心に残る行らしい。堂にこもって、煙をガンガン焚くというのも、原初の宗教儀礼の原形をとどめているんじゃないですかね。ネイティブ・アメリカンの宗教儀礼にもそういうのあったんじゃなかったかな。

釈　ただ、洞窟にこもることが宗教の起源だとすると、その割には、現代の聖地や霊場と呼ばれている場所にそれほど洞窟のイメージがないような気がしませんか。やはり、洞窟だと宗教施設が建たないからでしょうか？

植島　宗教施設っていうのは、別に宗教的な意味を持っているわけじゃないと僕は思っているんです。宗教施設は人間的な意味、つまり社会的な意味はあるかもしれないけれど、それは言ってみれば便宜的なものであって、必ずしも、施設そのものが何か特別な意味を持っているわけではないと私は考えています。

釈　前に植島先生にお話を伺ったとき、「諏訪大社しかり、宇佐八幡しかり、中央構造線やフォッサマグナの上に聖地がたくさんある」とおっしゃってましたね。

植島　そのとおりだと思います。

釈　それらを感じる力が古代人にはあった？

植島　でしょうね。中央構造線上に熊野も伊勢も豊川稲荷も、それから聖地とされる四国の石鎚山とか、九州の阿蘇山なんかが全部乗っているのは偶然とは思えないですから。地質学的には不安定なんだけど、鉱物資源が一番豊富な場所でもあります。

釈　鉱物と聖地はかなり密接な関係がある？

植島　はい。秋田に行っても、熊野に行っても、鉱物資源跡に聖跡が隣接してますからね。

釈　植島先生は「聖地は1ミリたりとも動かない」「まさにここがザ・聖地というような場所がある」とおっしゃられるわけですが、そうなると人為的に聖地を生み出すのは難しそうな印象をうけます。新しく生まれる聖地はあるとお考えでしょうか？

植島　前に現代美術家の荒川修作さんとNHKの番組で対談したことがあるんです。彼はアーティストですから、聖地は自分でつくるものだと主張して、僕はそんなことは絶対に無理だと言ったんです。

釈　なるほど。

植島　東京湾の埋め立て地、臨海副都心こそ聖地をつくるのにふさわしい場所だと彼は主張していました。確かコンペで賞を取って、あそこは彼が開発プロジェクトを任されることが決まっていたんです。われわれはそこの野っ原で対談したんです。でも、結局スポンサーも付かなければ行政も動かなくて、最終的にポシャってしまいました。

内田　荒川修作がつくった臨海副都心って集客力すごいだろうなあ……。

植島　でも、人が住めないような街だと思いますよ（笑）。やっぱり聖地にはならない。

日本の龍神と中国の龍神

釈　それでは質問コーナーへと移りましょうか。皆さん、どうぞ気楽にご質問やご感想をお願いします。いかがでしょうか。

巡礼部　私は中国の思想を勉強しているのですが、龍についてのお話ですぐに思ったのが民族の始祖とされる三皇五帝です。最初の三人の皇帝は伏羲、女媧、神農で、伏羲と女媧は夫婦とされていますが、夫の伏羲は身体がヘビで頭が男、女媧も身体がヘビで顔が女で、二人が絡まってる伏羲女媧図という絵もあります。伏羲は中国なので、たしか川の洪水を治めたという伝説になっていたと思うんですが、日本にもそういう水にまつわる伝説があることがすごく面白いと感じました。ただ、やっぱり日本は海なんですね。竜宮の話も海ですし、同じ龍でも日本と中国だと海と川の違いがあるんでしょうか？

釈　海の龍と川の龍の違いはあるのか、といったお話ですが、いかがでしょうか？

植島　水の神という意味では違いはないと思います。日本の河川も同じような働きをしていて、やっぱり龍神やヘビの神様を祀ったりしていますから。京都の木津川なんか、あちこちに龍神、水の神を祀っていますよね。

巡礼部　海でも川でも水の神様は龍神として祀られている？

植島　そうですね。

釈　皇帝や天皇のようなリーダー的な存在が、龍やヘビの末裔であるとする原型がどこかにあるんでしょうか？

植島　どうでしょう。ネパールの国旗も龍ですけど。また、『旧事本紀』にもそんな記述がありますね。

釈　なるほど。きょうのお話にあった東南アジアからの人類拡散説ですが、そこに龍やヘビの話は？

植島　そこには出てきませんが、海民の神様というと、必ず龍が共通認識として出てきますね。

釈　龍の信仰を生み出すイメージとしては、やっぱり川の流れなんですか。

植島　そうかもしれないですね。でも、海とも直接に結びついている。

内田　船の背骨になる部材も竜骨っていいますよね。あと、必ず船の頭のところに神像が貼ってありますよね。

植島　ヤマタノオロチも川の氾濫という説もありますしね。

釈　そうですね。ヤマタノオロチってしっぽから剣が出てきますでしょう。あれって鉱脈のイメージがありますよね。あるいは、製鉄のイメージ。

高島　ヤマタノオロチの場合、川の流れの分岐をあらわしているという説と、今おっしゃったように山をあらわしているという説がありますよね。それは火山の噴火したときの溶岩。つまり、火山が爆発して溶岩が流れ下りてきて幾筋にも分かれる様子がヤマタノオロチが村を襲うときの姿を連想させる。これは今の鉱脈との関係で、剣が出てきた話につなげるほうなんですよね。一方で、川はなかなか剣と結びつけにくい。

植島　そうですね。ただ、水と鉱物は関係が深いですからね。

釈　古代の製鉄も大量に水が必要なんでしょう？

内田　要るんじゃないですか、当然。原発と同じように、大量の水がないと。いま、三皇五帝のお話が出てきましたけど、尭舜の次が禹ですね。禹は治山治水で名をなします。治山治水のことを僕はずっと土木工事のことだと思ってきたんですが、考えてみたらそれだけのためのはずがない。水のエネルギーや資源を制御して、人間にとって有用なものに変換するわけですから、ただ土を掘ったり、岩を動かしたりという話じゃない、もっと宗教的な意味があったと思います。そう考えると、水を御した禹もやっぱり女媧や伏羲の龍の血統に連なる王であるわけですよね。

釈　あと、お話の中でちょっとだけ出ましたが、機織りに関する信仰ですね。機織りという行為は、とても宗教的です。また、機織りの特殊技能者は、聖性を帯びる。そして、機織りの信仰って、星辰信仰とも重なりますよね。

僕がなぜこんな話をするのかというと、海だけでなく山の人も気になるんです。海民が海を移動する話は盛んに語られますが、山の人や彼らの信仰が語られることはあんまり多くない。でも、やっぱり海洋民族と同じように星の信仰がありま

す し、私が住んでる大阪の北部なんかは、川沿いにずっと機織りの人たちが上がってきて、山の奥のまで機織りに関する信仰が点在しています。機織りの信仰といえば、高島先生も以前、七夕の研究をされておられましたよね？

高島　はい。皆さんよくご存じの、牽牛と織女が年に一度ランデブーするっていうあれです。あの伝説は中国から来たものであって、日本にはもともと棚機女（棚機津女）の信仰があるんです。棚機とは織機のことで、つまり棚機女というのは機を織る女の人です。棚機女が七月七日の夜に村里から離れた川岸で機を織ると、そこに神様が下りてきて一晩過ごす。それで、夜を明かした後、神様はあたりの汚れすべてを持って行ってくれるという信仰が実は日本古来の七夕信仰なんです。

内田　お能の『三輪』もそれに似た話ですよ。女が異界からの訪問者の衣に苧環《おだまき》をつけて、立ち去ったあとに、その糸をたぐって出自を探る。一本の糸が現世と異界を結び付けている。そういう話って、いろいろあるんでしょうね。

釈　あと、七夕は相撲をする日ですよね。

高島　たしか、野見宿禰《のみのすくね》と当麻蹶速《たいまのけはや》が最初に相撲をした日。

釈 そうですよね。

植島 七夕の日に相撲をする風習は中世にはもうあった気がします。

高島 そうですね。面白いのは、七月七日に野見宿禰が当麻蹴速を相撲で打ち破った。すごく面白いつながりがあって、野見宿禰の子孫が実は菅原道真なんですよね。しかも道真の天神祭は古くは七月七日なんです。

植島 そうでしたか。

高島 七夕の日がお祭りなんですよ。

釈 それは、もともとの天神ですか？ それとも、やっぱり菅原道真が上書きされた天神信仰？

植島 もともとの天神でしょうね。

釈 七月七日というのも星辰信仰ですか？

植島 星辰信仰です。

内田 でも、もともとの天神っていうのは何なんですか？

高島 道真以前は、少彦名命が「天神《てんしん》」でした。しかし、道真の天神《てんじん》信仰は、もともとが大将軍の信仰をベースにできるんです。大将軍というのは金星の神様です。私のセッション2のお話と重なりますが、初めて人間が神になるんだから、そこにはよっぽどの仕掛けがないと駄目ですよね。ある日突然、はい、この人が今日から神様ですと言ったって成り立たない。それでどうしたかというと、すでに広まっていた大将軍の信仰に天神信仰を上書きするんです。例を挙げれば、平安京の西北を守るための大将軍八神社、これは今でもありますが、その信仰があったところに北野天満宮ができますね。大阪の場合、それよりもっと早いですが、難波の長柄豊碕宮の西北を守る大将軍社があって、そこに大阪天満宮ができてるんです。相撲や星の話をひもといたりしていくと、信仰の世界って今と違う前の姿が山ほど見えてきます。

海遊都市としての伊勢の存在

釈　それでは他に質問がございましたら、どうぞご遠慮なく。

巡礼部　伊勢神宮には何度も行っていますが、なぜあの土地にあれだけの宗教施設というか政治施設をつくったのか、いつも不思議に思います。何もないところで、すごく田舎というイメージなんですけど、あそこには何もなかったからこそああいう施設をつくったのか。それとも何か強力なものがあったから、もしくは、交通の要所だったからなのかなど、そのあたりをもう少しお聞かせいただければと思います。

釈　なぜ、海洋民はあの伊勢志摩のあたりに上陸したんでしょうか。

植島　たぶん、交通の要所っていうのはもうちょっと北のほうだと思うんです。名張とか、松坂とか、あのあたりまでは東海道の流れとつながっていたでしょうけど、伊勢神宮はつながっていなかったと思うんですよね。海遊都市のように別にあった。ただし、伊勢神宮ができたところは、何もなかったはずはないので、何かはあったと思います。おそらく宗教的な祀り場があったと思うんですけど、それらは全部取り払われてるので、調査もできない状態だと思います。

釈　伊勢は海遊都市？　つまり、海の交通で成り立っていたということですか？

植島　そうですね。

内田　陸路はないんですか？

植島　陸路が開かれたのはだいぶあとじゃないですかね。もちろん今はありますけどね。

内田　昔は船からしか接近できなかった。

植島　もともとは船で行き来する都市だったと思います。

釈　海遊都市か。そこに伊勢の秘密を解くカギがありそうですね。陸路は非常に使いにくいけど、海からだと使い勝手がいい土地っていうのはすごい特性ですから。

植島　あそこから伊勢に入るところに悪い神様がいて人を殺すっていう話は、『風土記』にもあれば『古事記』や『日本書紀』にも出てきます。

内田　陸路を行っちゃいけないよということですか。

植島　陸路を行くと、四〇人来たら二〇人は食べられちゃう、そういう話が残ってますね。

内田　平氏も伊勢を拠点にしましたよね。

釈　そうなんですか。

内田　伊勢平氏の歴史は古いんです。清盛の祖父正盛と父忠盛の代に西国の沿海に知行地を多く所有したことで、瀬戸内海から伊勢までを勢力圏にした。

植島　戦国時代には九鬼水軍という水軍の一大拠点もありましたね。

釈　内田先生の「平氏は海洋民族系」っていう話はいかがでしょう？

内田　源氏が騎馬民族系なわけです。だから、源平合戦の図像では、陸には源氏の白い旗、沖には平氏の赤い旗を掲げる御座船があった。

植島　そうですね。

内田　海岸線を境界にしてお互いに行きつ戻りつしている。だから、平敦盛なんかは岸に上がって笛を吹いてるうちに気が付くと仲間に置いていかれてしまう。平家の武将が死ぬのはだいたい浜辺なんですよね。海に戻り損ねて死ぬ。

高島　源平合戦って、結局は平氏が海で戦えば有利だということで海戦に引きずり込んでいくんですよね。それなのに負けてしまう。そして源氏は義経が八艘飛びやなんか、ああいう物語をつくって、海戦でも勝ったっていう物語をつくっていく。

内田　実際には操船技術の優れた海民たちを味方に引き入れることで源氏はなんとか勝ったというのが実相なんじゃないですか。壇ノ浦で、最後は海戦で源氏は勝利を収めるわけですけれど、海戦の勝利をもたらした主力は渡辺水軍、河野水軍、熊野水軍など平家に従わなかった海民たちであり、最後の最後で平家の主力だった阿波水軍が平家を裏切る。最終的に源平合戦の戦局を決したのは海軍力の差だったわけです。最終局面にはもう坂東武者の騎乗騎射の技術は関わっていない。海部と馬飼部の、エネルギー制御技術の優劣を競う戦いだったはずなのに、最終的には水のエネルギーを御する力の差が勝敗を決した。

高島　そう思います。だからこそ、自分たちの勝利を説明するためには、義経のそんな物語でもつくらないと理屈にあわない。なんであの平氏が負けるんだっていうね。

内田　義経の「弓流し」の話も面白いです。自分の弓が流されて、義経が命がけになって取りに行く話です。能だと義経は小兵だったので、平家の兵が義経の弓を見て、「なんだ、こんな弱い弓をひいている小男なのか」と見られるのを嫌ったからだと説明されていますけれど、そんな合理的な理由のはずがない。だって、義経がどれくらいの背丈であるかなんか、船から見ていても知れるわけですからね。やはりこれは弓と馬とワンセットで坂東武者の存在証明ですから、これを失うわけにはゆかなかったということなんだと思います。敦盛が岸に残されるのと同じで、もし義経が馬から落ちたり、弓をなくしたりしたら、死ぬしかない。源平は棲息するニッチが違うんですから。

釈　源平のあたりで日本の社会体制が大きく変わったと見ていいんでしょうか。

植島　でしょうね。保元平治の乱あたりが境目でしょうね。

釈　そこが転換期。

植島　古代から中世への転換期でしょうね。今、内田さんが言ったとおりで、武家が出てきて馬を操って日本中を制覇していくことが始まったのがちょうどその頃ですから。

釈　海民が倭人と呼ばれていた人たちの系譜とすれば、この馬を操る人たちはどこからやってきたんですかね？

植島　北方騎馬民族説は眉唾だと思いますから、もともといた人たちだと思いますけど、ただ、それが海民に対抗できるぐらいの力があったのかどうかは分からないですね。

内田　だいたい馬というのはいつ頃日本列島に入ってきたんですか。

植島　昔の馬は小さかったですよね。

高島　ひよどり越えで担ぎますもんね。

釈　馬を操った人たちって、おもにどこに住んでいたんでしょうか？　内陸部ですか。

内田　牧という地名があるところは、そうなんですかね。

釈　牧場の牧ですか。

内田　坂東平野がやっぱり中心だと思いますけど。

釈　関東の方か。じゃあ、関西と関東における性格の相違という問題でもあるんじゃないですか？

内田　そう思いますね。分かれているような気がします。

植島　西と東はありますね。平将門と藤原純友がほとんど同時に反乱を起こしたでしょう。あれ、完全に馬と船の反乱なんですよね。

内田　そうですね。純友は船で、将門は馬。

日本の聖地の中心地は紀伊半島

釈　それでは、現代の西日本と東日本におけるそれぞれの信仰形態の違いについてはいかがですか。あちこちを歩かれて、感じることはありますか。

植島　それはあんまりないですけど、ただ、西日本というか、紀伊半島近辺に日本の聖地の重要なところはほとんどありますよね。

釈　確かにそうなんですよね。では、東北なんかはいかがでしょう。

植島　東北は、秋田や山形の鉱山地帯には聖域がいっぱいあります。やはりそれは関係があるんだと思います。修験道で山伏たちが入ったところにも必ず聖域があります。だけど、何て言うのかな、紀伊半島と比べるとなんかやっぱり散漫な感じがする。紀伊半島は特別な場所で、ある民族のためだけの土地という感じがしなくて、ありとあらゆる人たちが集まるじゃないですか。仏教も、神道も、シーク教徒も、いろんな人たちが来ますよね。

釈　シーク教徒も紀伊半島に来てるんですか。

植島　熊野大社に来ますよ。

内田　それは、引きつけられて来るんですか。

植島　どうでしょうね。会いますけど。

釈　東日本の聖地の在り方と、西日本の聖地の在り方の違いについてはどうでしょうか？

植島　そうですね。西と東という違いというより、先ほどお話した中央構造線の上に聖地があるように、自分自身の立ち位置がいつも意識される場所に信仰が生まれ、そうした場所ができるんだと思います。ただ、東北で大きな震災がありましたけれども、それまで東北はわりと住みやすくて、災害は少ないと思われていたこともありました。なので、それだけでは説明つきませんけど。

対馬の龍神信仰

釈　われわれ西日本ばかり回ってきたんですけど、今後はいよいよ佐渡に行き、恐山へ行くという計画を立てております。ほかにも「ここは行ったほうがいいんじゃないか」という場所があれば教えていただけますか。

植島　対馬ですかね。

内田　対馬ですか？

植島　対馬には天道信仰があって、日本の信仰の原型、大陸とのつながり、いろんなことが見えてくる。ちょっと感動的なものがあります。

内田　対馬、いいですね。僕の師匠の多田宏先生は対馬なんです。

釈　対馬のご出身なんですか。

内田　そうです。代々、多田家は対馬の宗家の家老職だったそうです。

釈　対馬には、具体的に何があるんでしょうか。

植島　あそこには先にも述べた海神《わだつみ》神社という神社があって、海の信仰の原型が残っています。それ以外に天道信仰という石積みの信仰もあって、それはお墓でもあり、祭り場でもあります。

釈　天道ということは、太陽の動き？

植島　ええ、天の道ですね。おそらく龍神信仰の本拠地でもあります。

釈　隠岐の島にもずいぶん古い海神の信仰が残っているという話を聞いたこ

とがあるんですが。

植島 焼火《たくひ》神社というすごくいい神社がありますね。この間、宮司の松浦道仁さんと会ってきました。

釈 宮司さんは常駐されておられる？

植島 常駐してますね。

釈 隠岐の島に比べて、対馬のほうは？

植島 対馬はそういう感じじゃないですね。常駐するって感じじゃない。

釈 神道からも外れていて、信仰が体系化されてない？

植島 そうですね。

釈 プリミティブな状態と言ってよろしいでしょうか。

植島 はい。そのまま自然の中にあるから、いつでも近寄ることができますし。

内田 神社本庁から派遣されたりはしてない？

植島 海神神社のほうはあるかもしれないですけどね。

釈 対馬の伝統芸能についてはいかがでしょう。

植島 たぶん盛んだと思いますね。

釈　その土地に伝承されている踊りや歌があるのですね。

植島　僕が調査に行ったときは、たまたま見る機会はありませんでしたけど、お話はよく聞きます。

内田　ようし、対馬だ。決定！　次は対馬にしよう。

釈　えっ、次は対馬なんですか？　ついさっきまで、佐渡に決まっていたのですが。うーん、行き当たりばったりですねえ（笑）。まあ、そこはおいおい考えるといたしまして、皆さん、そろそろお時間になったようです。セッション3はこのあたりでお開きとさせていただきます。昨日今日と聖地巡礼フェスティバルにご参加いただいた皆さん、ありがとうございました。次回はぜひご一緒に聖地を歩きたいと思います。植島先生、本日は長時間ありがとうございました。

あとがき

みなさん、こんにちは。内田樹です。

「聖地巡礼」シリーズも四作を重ねました。タイトルも「ビギニング」「ライジング」「リターンズ」そして、「コンティニュード」って、ほとんど『バットマン』ですね。ただ、これは釈先生や僕や巡礼部の諸君の趣味ではなくて、東京書籍の方で撰したタイトルですので、「どういう順番で出たのかわかんないよ」というご不満をお持ちの読者のかたもいると思いますけれど、どうかご海容ください。

本書はいつもの「聖地巡礼」ではありません。茂木健一郎、高島幸次、植島啓司という脳科学、歴史学、宗教学の碩学諸兄に凱風館においで頂き、釈先生と僕と巡礼部の諸君とで、ご高説を伺い、その話に触発されて、談論風発、話頭は転々奇を究め……という愉しい結構のものであります。読者のみなさんも、その場を領していた暖かくて、わくわくした雰囲気を感じ取ってくださったらうれしいです。

「あとがき」に代えて、聖地巡礼というプロジェクトについて、最近思うことを書いておきたいと思います。

このプロジェクトが本格的に始動したのは2011年の東日本大震災と原発事故のあとだったと思います。震災の災禍を前に言葉を失った日本人の多くは「これまでのような浮ついた生き方を改めて、もっと地に足の着いた生き方をしないといけない」と感じた。そして、以後、さまざまな人たちによって、さまざまなかたちで、「地に足の着いた生き方」の探求が始まりました。僕はそんなふうに「ポスト3・11」直後の時代の気分を記憶しています（残念ながら、その「気分」はそれほど長くは続きませんでしたが）。

この聖地巡礼も、そのときの「地に足の着いた生き方」の探求・再発見という、国民的規模で企ての一つの露頭ではないかと思います。事実、「聖地巡礼」やそれに類するというタイトルの書籍はAmazonのカタログでは数十冊を数えることができますが、そのほぼすべてが2011年以降のものです。

「聖地」も「巡礼」も普通名詞です。新造語でもないし、特殊なテクニカルタームでもありません。でも、その言葉がある時期から強いインパクトを持って流通するようになった。僕たちの聖地巡礼が書籍シリーズ化したのも、おそらく日本全体を巻き込んだこの集団心理的な転向の中での出来事だったと思います。

でも、実際にはそれよりだいぶ前に、釈先生と僕はややフライング気味に聖地巡礼をスタートさせていました。

釈先生をお招きして、神戸女学院大学で「現代霊性論」という共同講義をしたのは2005年度の学期のことです。半年間、ふたりで掛け合い漫才のようにさまざまな宗教的トピックを論じた後、学期終了後に釈先生のご提案で、バスを仕立てて、京都を訪れました。（東寺の立体曼荼羅と三十三間堂の千手観音を拝観して、南禅寺で湯豆腐を頂くという愉快な遠足でした）。

その遠足がとても楽しかったので、「これ、定期的にやりましょう」ということに話が決まり、さらに2011年秋に凱風館が竣工して、門人たちが「巡礼部」を結成したことで、「巡礼」気分が一気に盛り上がり、数十人規模での聖地巡礼が定例化し、気がつけば書籍化されていた……という流れになりました。

釈先生も僕もそれぞれの仕方で「霊的なものの切迫」については専門家です（釈先生は僧侶かつ宗教学者として、僕は武道家かつレヴィナスの「弟子」として）。ですから、久しく「霊的感受性の涵養」のたいせつさについて説いてきました。でも、そういう理説に耳を傾けてくれる人は、知識人の中にはなかなか見出し難かった。そういう書物を求める読者たちも少数にとどまっていました。

でも、ある時点から、潮目が変わりました。

「聖地巡礼」がいきなり一種の流行になったのです。

それはたしかに日本人の集団心理の「転向」の徴候ではあり、その限りではていねいな分析を要請していると思います。けれども、気をつけないといけないのは、こういうものはほんとうにたちまちのうちに「俗化」「陳腐化」するんです。おそらく、もうすでに読者たちの中には「聖地巡礼か……なんか、その手のものにはもう飽食したわ」というような感触を持ち出した人もいるんじゃないかと思います。

それがいけないと言っているわけじゃないんです。そういうものなんです。というか、それでいいんだと思います。

かつて大瀧詠一さんは「聖地はスラム化する」という名言を残されましたが、ほんとにそうなんだと思います。前に華厳の滝に行ったときに、滝そのものの恐るべき霊的迫力と、それを囲む土産物屋のこれまた恐るべき俗悪さの対比に驚いたことがあります。でも、しばらく考えて、それは「超越的なもの」を慰撫するために、人間たちが創り出した巧妙な仕掛だということに気がつきました。

「聖地」には強い力があります。だからこそ、人間はそれに惹きつけられる。

でも、「超越的なもの」は当然ながら人間的射程を絶している。その霊的な法外さを人間に対応できる枠内にとどめるために人間たちが思いついたのが「俗化」という手立てだった、と。僕はそんなふうに考えるようになりました。

僕たちが訪れる先が「聖地」と呼ばれるにふさわしいものであるなら、本来なら人間の賢しらをもって容易に接近し、理解し、制御することを許さない場所であるはずです。聖地である以上、そうでなければ困る。

でも、それでもなお「聖地」からわれわれを霊的に賦活する力を引き出そうと願うなら、「聖地を慰撫する人間的な仕掛け」というものが必要になります。華厳の滝におけるお土産物屋の群れのようなものが必要になる。

そう思って振り返ると、僕たちの「聖地巡礼」も、これまで「遠足」や「物見遊山」というスタイルを一貫して守り続けてきました。釈先生と僕との対話も、「真面目過ぎるもの」にならないようにしようという黙契があったように思います（釈先生も僕も真面目に話そうと思えば、かなり真面目な話ができる人間なんですよ、実は）。僕たちの「巡礼」の旅と、聖地をめぐる対話も、一種の「俗化」であり、「聖なるものの人間的サイズへの縮減」なんだったと思います。

でも、それを「俗だね」と鼻先で笑われても困るんです。

それを言ったら、聖像を作ることも、伽藍を建設することも、人間の言葉で祈ることも、ぜんぶ「俗」なものだと言うことになる。

あらゆる巡礼の旅は、巡礼者たちにとって「観光旅行」「物見遊山の旅」という裏面を持っている。それが聖地への旅の必然なのではないかと思います。聖地巡礼は必然的に物見遊山の旅になる。すべての霊的行為はそういう人間的頽落をこうむる宿命にある。むしろ、霊的な緊張と、人間的な弛緩が共存する経験のうちに「聖地巡礼」という複雑な営みの本質は存するのではないか。そんな気がするのです。

思えば、最初の聖地巡礼のときに、釈先生のような場数を踏んできた宗教者が「参詣のあとは南禅寺で湯豆腐で昼酒」という愉悦的なコースを構想されたことに深い必然性があったということにそのとき気づくべきでした（今ごろ気づいてもちょっと遅い）。霊的な緊張を求める行為は、それを弛緩させる「人間的なもの」の介入と表裏一体をなしている。二つは対になってはじめて機能する。そこに宗教者たちの見識は示されるのではないか。僕には何となくそんな気がするのです。

僕が尊敬するイスラーム法学者の中田考先生はTwitterの「プロフィール」にこんな自己紹介を書いています。

「イスラーム学徒、放浪のグローバル無職ホームレス野良博士ラノベ作家、老年虚業家、

『カワユイ（^◊^）金貨の伝道師』、『皆んなのカワユイ（^◊^）カリフ道』家元、プロレタリア革命戦士（労働英雄）、食品衛生管理責任者、TikToker、ネズミハウス🐀🏠の食客。イスラームの話は殆どしませんが、全てはイスラームの話です。」

中田先生は敬虔なイスラーム信者です。そして、その教えを厳密に守っておられる。でも、そのおのれの峻厳な宗教的実践を形容するときに選んだ語が「カワユイ（^◊^）」や「プロレタリア労働英雄」というような「俗な」語であることに僕はむしろ中田先生の宗教者としての成熟を感じるのです。おそらく中田先生が感知している「超越的なもの」の切迫は、人間的な「とりなし」抜きには、ある種の確信犯的な「俗化」抜きには、われわれに伝えることができない境位のものなのです。

「聖地はスラム化する」「超越的なものは俗化によってとりなされる」ということが釈先生とのこの「聖地巡礼」の経験を通じて、僕が見出したひとつの教訓です。

以上が「最近はこういうことを考えるようになった」という話です。「だから、どうした」というような話ですけれど、まあ、そういうことを考えていますということです。はい。

皆さんにはまた次の「聖地巡礼」でお会いしましょう。

最後になりましたが、遠路お運びの上、貴重なご講話を賜りました茂木健一郎、高島幸次、植島啓司のお三方に改めてお礼を申し上げます。

いつもご迷惑をかけてばかりの東京書籍の植草武士さんの雅量とご配慮にも伏して感謝申し上げます。

巡礼部の諸君、これからもどうぞ聖地巡礼の旅を盛り建ててくださいね。ご支援よろしくお願いします。

そして、釈徹宗先生、ひとえに先生の徳と法力に守られているおかげで「聖地巡礼」は成り立っています。心から感謝申し上げます。これからもどうぞわれわれをお導きください。よろしくお願い致します。

2019年2月

内田　樹

内田樹（うちだ・たつる）

1950年東京都生まれ。思想家・武道家。神戸女学院大学名誉教授。専門はフランス現代思想、武道論、教育論など。現在、神戸市で武道と哲学のための学塾「凱風館」を主宰している。主な著書に『私家版・ユダヤ文化論』（文春新書・第6回小林秀雄賞受賞）、『日本辺境論』（新潮新書・2010年新書大賞受賞）などがある。2011年第3回伊丹十三賞受賞。近著に『街場の天皇論』（東洋経済新報社）、『常識的で何か問題でも?』（朝日新書）など。

釈徹宗（しゃく・てっしゅう）

1961年大阪府生まれ。浄土真宗本願寺派・如来寺住職。相愛大学教授。専門は比較宗教思想。特定非営利活動法人リライフ代表。私塾「練心庵」も主宰。論文「不干斎ハビアン論」で第5回涙骨賞、『落語に花咲く仏教』で第5回河合隼雄学芸賞を受賞。2017年第51回仏教伝道文化賞沼田奨励賞受賞。近著に『死では終わらない物語について書こうと思う』（文藝春秋）、『お世話され上手』（ミシマ社）、『異教の隣人』（晶文社）など。

茂木健一郎（もぎ・けんいちろう）

1962年東京都生まれ。脳科学者。ソニーコンピュータサイエンス研究所シニアリサーチャー。2005年『脳と仮想』（新潮社）で第4回小林秀雄賞受賞。2009年『今、ここからすべての場所へ』（筑摩書房）で第12回桑原武夫学芸賞受賞。主な著書に『最高の雑談力』（徳間書店）、『東京藝大物語』（講談社文庫）、『もぎ塾実況ライブ！できる脳の育て方』（東京書籍）など。

高島幸次（たかしま・こうじ）

1949年大阪府生まれ。大阪大学招聘教授。大阪天満宮文化研究所員。夙川学院短期大学名誉教授。日本近世史および天神信仰史を専攻。NPO法人上方落語支援の会や、一般社団法人おしてるなにわなどの理事も務める。主な著書に『天満宮御神事御迎船人形図会』(東方出版)、『大阪の神さん仏さん』(釈徹宗と共著、140B)、『奇想天外だから史実―天神伝承を読み解く―（大阪大学出版会）、『上方落語史観』(140B) など。

植島啓司（うえしま・けいじ）

1947年東京都生まれ。宗教人類学者。京都造形芸術大学教授。ニュースクール・フォー・ソーシャルリサーチ客員教授、関西大学教授など歴任。主な著書に『男が女になる病気』（朝日出版社）、『分裂病者のダンスパーティ』（リブロポート）、『聖地の想像力』（集英社新書）、『偶然のチカラ』（集英社新書）、『世界遺産 神々の眠る「熊野」を歩く』（集英社新書）、『日本の聖地ベスト100』（集英社新書）、『処女神―少女が神になるとき』（集英社）など。

日本人《にほんじん》にとって聖地《せいち》とは何《なに》か

2019年4月10日　第1刷発行

著　者　内田樹《うちだたつる》、釈徹宗《しゃくてっしゅう》、茂木健一郎《もぎけんいちろう》、高島幸次《たかしまこうじ》、植島啓司《うえしまけいじ》
発行者　千石雅仁
発行所　東京書籍株式会社
東京都北区堀船2-17-1　〒114-8524
電話 03-5390-7531（営業）
03-5390-7455（編集）
印刷・製本 図書印刷株式会社

ISBN 978-4-487-80968-4 C0095

ブックデザイン＝長谷川理
カバー写真＝Getty Images
ＤＴＰ＝越海編集デザイン
編集協力＝熊谷満／岡本知之
編集＝植草武士

東京書籍ホームページ　https://www.tokyo-shoseki.co.jp/
乱丁・落丁の際はお取り替えさせていただきます。
定価はカバーに表示してあります。

聖地巡礼 リターンズ　長崎、隠れキリシタンの里へ!

内田 樹、 釈 徹宗／著

四六判／ 302 頁

舞台は長崎。26聖人の殉教地、隠れキリシタンの潜伏地、原爆落下の地などをめぐり、日本でのキリスト教の存在を問う。

グローバルとは何か?習合とは何か?　「聖地巡礼」シリーズ第3弾!

ISBN 978-4-487-80841-0

聖地巡礼 コンティニユード　対馬へ日本の源流を求めて!

内田 樹、 釈 徹宗／著

四六判／ 360 頁

長崎県対馬。日本書紀の神話の島。多様な御神体を今に残す島。

韓国との国境の島。この対馬にこそ日本の聖地、源流があった。

「対馬は大和のまほろば」(内田)「日本神話をリアルに体感」(釈)

ISBN 978-4-487-80842-7

「聖地巡礼」シリーズ　好評既刊

聖地巡礼 ビギニング

内田 樹、 釈 徹宗／著
四六判／328頁
でかけよう、宗教性をみがく旅へ!
内田樹と釈徹宗が、日本人が失っている霊性を再生賦活すべく、
日本各地の「聖地」を旅する新シリーズ。第1巻は大阪、京都、奈良。
ISBN 978-4-487-80638-6

聖地巡礼 ライジング 熊野紀行

内田 樹、 釈 徹宗／著
四六判／296頁
日本の宗教性の古層を熊野で探る!
日本各地の霊性を再発見するシリーズ「聖地巡礼」の第2弾!
今なお霊性がむき出しの聖地・熊野で、人は何を感じるのか。
ISBN 978-4-487-80639-3